嫁值高的姑娘，运气都特别好

霍庆苓
Huo qing ling 著

幸福从来不由上天恩赐，归根到底靠自己
有了高嫁值，也就有了幸福的资本与实力

沈阳出版发行集团
沈阳出版社

图书在版编目（CIP）数据

嫁值高的姑娘，运气都特别好 / 霍庆苓著．— 沈阳：沈阳出版社，2017.7

ISBN 978-7-5441-8387-1

Ⅰ．①嫁… Ⅱ．①霍… Ⅲ．①女性－婚姻－通俗读物
Ⅳ．①C913.13-49

中国版本图书馆 CIP 数据核字（2017）第 102093 号

出版发行：沈阳出版发行集团 | 沈阳出版社
（地址：沈阳市沈河区南翰林路 10 号　邮编：110011）
网　　址：http：//www.sycbs.com
印　　刷：北京中印联印务有限公司
幅面尺寸：170mm×240mm
印　　张：15
字　　数：206 千字
出版时间：2017 年 7 月第 1 版
印刷时间：2017 年 7 月第 1 次印刷
选题策划：郑　为
责任编辑：王冬梅
装帧设计：仙　境
责任校对：阮晓琼
责任监印：杨　旭

书　　号：ISBN 978-7-5441-8387-1
定　　价：39.80 元

联系电话：024-24112447
E-mail：sy24112447@163.com

本书若有印装质量问题，影响阅读，请与出版社联系调换。

前言

Introduction

嫁值高的女孩子，运气都不会太差

有太多声音在说：

“我不想再当剩女了，钓个金龟婿就结婚。”

“干得好不如嫁得好，女孩没必要那么拼！”

“像某某做个富太太，我的人生就圆满了。”

……

常言说，男怕入错行，女怕嫁错郎。每个平凡而有野心的姑娘，都希望获得一位英俊多金的成功男士的青睐，然而在这个真实的世界里，即使在感情里，也没有捷径可以走。你想嫁得好，关键也得有这个资本。不然的话，人家图你什么？图你一脸痘痘？图你一身肥肉？图你好吃懒做？图你无胸无脑？

可能你说你颜值高，可是颜值能值几块钱？说白了，一个女人的青春就短暂的几年，靠颜值锦衣玉食的日子长不了，几个回合就把你杀回原形。而真正值钱的东西是经得起时间的磨炼和雕琢的，比如人格魅力的提升、自我价值的实现、明亮温暖的笑容、善解人意的态度以及落落大方的谈吐，这种以自己喜欢的方式前行，让自己觉得幸福，让他人觉得舒服的姿态，才值得你去努力。

嫁人与否，嫁什么样的人，嫁得好与坏，当然跟缘分有关，但更多与你的嫁值有关，也就是你这个人本身的价值。你是什么样的人，就会遇见什么样的人。遇到有品质的人，赋予我们纯粹的感情，这是嫁值的最高体现，也是幸福女人的标志。所以，姑娘们，为了你的嫁值，请提高你的价值。

当你渐渐变成一个很有价值的人，哪有时间患得患失，哪有时间猜东猜西，哪有时间揣摩别人，你心底会非常笃定：你是值得的，因为你终于有足够的自信，去抓住属于自己的一切。走到这一步，你已无须担心自己是“黄金剩斗士”还是“齐天大剩”，自然会有真正爱你的人出现。你已无须担心自己嫁得好不好，因为无论你过上了哪种姿态的生活，你都有让自己惊艳绽放的资本。

嫁值高的姑娘，运气都特别好。我希望每个姑娘，无论你现在是单身中、恋爱中、职场低谷中或婚姻迷茫中，还是80岁时，都拥有不将就、不狼狈、不妥协的力量与荣光。我希望用自己的文字带每个姑娘找回自己，用更勇敢的方式让自己变得更美好，去追求更广阔和更丰富的未来。

亲爱的你，愿意成为其中一员吗?

目录

Contents

Part 1

当你把自己经营成女皇，自然吸引来帝王

Part 2

最好的爱情，就是你的不同，在他眼里独一无二

Part 3

美得耀眼，活得洒脱，嫁值高的姑娘都很拼

Part 4

做灵魂有香气的女子：你若盛开，蝴蝶自来

Part 5

找到除了爱情外，能让你双脚坚强站立的东西

Part 6

心有所定，分得清情，也懂得爱

Part 7

高嫁值无须过多陪衬，需要的是更多扶持

Part 8

愿你有高跟鞋也有跑鞋，能痛快哭也能大声笑

Part 9
做一个世界的水手，游遍每一个港口

207

Part 1 当你把自己经营成女皇，自然吸引来帝王

爱情和婚姻，从来都不是人生的救赎。若你没有独处的能力，便也不具备相爱的实力。若你无法享受单身的精彩，也就无力体会婚姻的充盈。那些能够遇得良人、婚姻美满的姑娘，从来都不是因为幸运，而是她们能一个人精彩，把自己照顾得好好的。当你把自己经营成女皇，自然吸引来帝王。

亲爱的，别那么着急过“正常”的人生

不少姑娘曾跟我说：“帮我介绍个男朋友吧！”

CC 也是其中一位，她是我一朋友的表妹，今年二十六岁，单身。说实话，CC 不像那种看上去会嫁不出去的姑娘，一张娃娃脸，大眼睛，个子娇小，也挺有幽默感，在某中学做英语老师。但和小城里的姑娘们一样，自从大学毕业返乡工作后，她便踏上了相亲的漫漫征途。家里的七大姑八大姨忙着张罗，连办公室的大姐们也都没闲着。据 CC 自己统计，最夸张的时候，她曾经一个星期赶赴 9 场相亲宴。

我有一次问 CC：“你还那么年轻，干吗那么着急？”

CC 说：“不行啊，像我这么大的女孩都已经当妈了，我的几个同龄小伙伴有的都有两个宝宝了，他们天天叫我‘剩女’，‘两条腿的男人多的是，都等着吃你喜糖了’，这是他们调侃我最多的话。连我妈也说，我这年龄已经不好找对象，二婚的倒差不多。我开始焦虑，开始恨嫁，我不想做异类，更怕好男人都被挑走……”

“可是，有些事情是你急也急不来的啊！”我微笑着说。

CC 没理我，她正忙着在某相亲网站疯狂地浏览各种信息。

到这会儿，我似乎有点明白了。越恨嫁，越难嫁。

你想啊，如果你叫着想抓一个男人结婚，被抓的男人会觉得你只是想找个人结婚，自己只是你用来实现目的的工具。你只是需要一个人结婚，但并不在意对方是谁，这样的婚姻谁会喜欢？男人会害怕恨嫁的女人吗？当然，这就像女人害怕急切的男人一样。一个男人再好再优秀，他要是一上来就急着和你亲近，或者很快就表现出对你很渴望，你是不是也会觉得对方有些不堪？

那么你扪心自问：你为什么恨嫁呢？为什么担心自己剩下？

究其原因，有一个叫作“舆论眼光”的东西，在规定着我们要按照一种“标配”的人生去走。例如，如果你高中毕业，不去读大学，要么被人看不起，被批不好好学习，要么别人怀疑你的脑子有问题，为你的智商着急；大学毕业之后不工作，更是不可思议，“啃老族”之外，会有“死读书，没能力”的声音随之而来；工作好几年如果还没有谈恋爱、结婚，人们又会觉得你不正常，“剩女”就不用再提了，经常被扣上“性格孤傲，不好相处”“眼光太高，活该被剩下”的帽子。

无可否认，当“剩女”这一标签贴在自己身上时，总会让你感到一阵紧张和尴尬。但亲爱的，别那么着急过“正常”的人生。

的确，女人比男人更向往幸福的爱情和婚姻，但很多事情往往欲速则不达。我见过一些姑娘，为了避免成为一个大龄剩女，怕有一天承受别人异样的目光，只能在越来越小的范围内做出不情不愿的选择，甚至脚一蹬就一夜之间把自己给嫁了。但你的不成熟、你的不安全感……都不会因为一场婚姻就搞定的，婚姻只会放大那些你生活中的问题。对嫁的人你有足够的了解吗？你们有足够的爱情基础吗？纵观现实婚姻，闪婚闪离的现象比比皆是，婚后纠结生活的人更是不少。

人生最大的遗憾不是错过最好的人，而是遇见更好的人时，你发现已经错过了这个机会。

每每此时，我便很喜欢跟姑娘们讲起卢卢的故事。卢卢是我的同事，三十岁时还是单身一族。按照很多人的看法，这姑娘应该就是悲惨世界了，可人家不仅没有悲惨世界，还找到了更好的幸福，幸福得不要不要的。

二十三岁时，卢卢就开始被父母催婚，亲朋好友们给介绍了不少相亲对象，但都被她一一婉拒了，她不想那么早把自己嫁出去，她想做自己喜欢的事。就这样，她踏上了自己喜欢的写作之路，从一开始的每月 2000 块工资的小编辑，努力奋斗了八年，现在已是年薪五十万的编辑部主任。如今住着200平方米的大房子，开着几十万的车，靠自己买包买鞋坦荡地过着单身生活。尽管工作时是“久坐族”，卢卢却能保持良好体态，她每周上三次健身房，有时跳跳健美操，有时做瑜伽。为了满足对甜品的嗜好，她将烤箱、料理机、蒸汽锅等厨房神器一样一样搬回家，手机下载了一堆美食App。办公室的下午茶时间，从此有了她的甜品专场。大伙一边吃一边啧啧称叹，她在一旁眯着眼，微微笑。那一刻，你会由衷觉得，这样的姑娘真美。

再后来卢卢偶尔会在周末相亲，但在我的印象里，她从未因此发过愁。有一次，我忍不住问她：“你不着急吗？”她哈哈一笑：“我着急什么？谁规定的三十岁之前就得结婚，我有能力过自己想要的生活。我不会选择一个不爱的人，为了结婚而结婚。我的格言是，咱不要跟别人比结婚多早，咱在乎的是，一辈子的幸福有多少。我要好好对待自己，努力充实自己，以最美的姿态，期待那个对的人的出现。”事实证明，如此通透的姑娘，根本用不着任何人担心。前段时间卢卢风光大嫁，羡煞旁人。她的先生长她两岁，是一位小有名气的甜品店老板，两人在飞机上认识，因为座位挨在一起，简单聊了几句，居然发现两个人都是甜品爱好者，之后的发展水到渠成。

在这里我不想灌鸡汤，也不想怂恿姑娘们做什么，更不是鼓励每个人都要做卢卢那样的女人，而是想让大家思考一下：我们何必在二十八九岁的年纪，天天被“催婚”“剩女”这些词儿压得透不过气，面无喜色？如此美好的年岁，该是八小时之内，职场独当一面；八小时之外，生活五彩缤纷。

亲爱的好姑娘们，爱情也好，婚姻也罢，都是急不得的事情，该来时它总会来，不要因为恨嫁而草率地找个男人凑合将就地过一生。当对的那个人没出现时，不如充分利用好当下的时光提升自己。在你为之努力并变得越来越优秀时，即使仍独自一人，也是光彩夺目、光芒闪耀的。

急了，你就“剩”了；不急，你就“胜”了。

未来还有很多种可能，究竟是哪一种，完全看你自己。

嫁入豪门就高枕无忧了吗?

新《婚姻法》让少数女人笑得妩媚动人，“正好，我还担心有人想通过结婚卷走我的钱呢！”

同时，也让另一些女人咬牙切齿，无疑，这断送了她们多年的梦想。

她们的梦想是什么？一起倾听她们的口号：“我要嫁个有钱人！”

有钱人过什么样的生活？豪宅、名车、定制服装、随时可以去世界各地……一言以蔽之，什么也不用做，只需要享受，数不尽的享受。

嫁了有钱人，从此做少奶奶，不需要再进写字楼和格子间；

嫁了有钱人，钱包里一排卡，怎么刷都刷不爆，再也不用为几百元和老板费口舌；

嫁了有钱人，出有司机，入有用人，高人一等的优越感油然而生；

嫁了有钱人，自己的生活变成金色，就连父母亲友也跟着沾光；

嫁了有钱人，不用担心自己的未来、孩子的未来，就算离婚，那赡养费也够花半辈子……

在不少姑娘看来，天上掉馅饼算什么，嫁个有钱人才算一本万利！也别说她们被肥皂剧冲昏了头，她们精明着呢：“我知道有钱又专情的男人难找，也没打算找到。那又怎么样？就算嫁个穷男人，有机会他照样出轨闹离婚！既然都要忍、都要散，还不如找个有钱的，至少有享受过，离婚还能拿一笔！”

新《婚姻法》一出台，婚前财产各自归双方，离婚时各拿各的，只有婚后财产才能对半分。这些女人算盘打了又打，不禁叹了长长的一口气，看来，“嫁有钱人”这条路从今以后越来越难走。她们没想过，这种叹息大可不必，因为“嫁有钱人”和多数女性没多大关系，不信就收起美好愿望和如意算盘，看看操作可能性有多大？

先说说嫁给有钱人的概率吧！有钱人有两种，一种是有身家背景的，家里的钱至少三辈子花不完；一种是自己会赚钱，保证你一辈子衣食无忧。放眼望去，这两种人有多少？内地富翁不少，但福布斯中国富翁榜上的前百名，他们的后代加起来能有几个？微软公司遍布全球，员工无数，但只有一个比尔·盖茨。

而且，不要忘了你还有很多很多的竞争者，毕竟想嫁给有钱人的女人可不止你一个。她们有的比你漂亮，有的比你聪明，有的比你更有女人味，你确定自己有条件赢得过她们吗？这时候，你是不是又要自欺欺人地强调缘分的重要性，但是灰姑娘嫁给王子只是一个童话，你怎么能把童话混同于现实？

也许，你真的一路行大运，遇到了有钱人，嫁给了有钱人，但之后的日子你想过吗？你以为你的老公把你娶回去，就是让你帮他刷卡吗？你能帮你的老公做什么？

帮他们搞太太外交，你行吗？你的头脑和心机够不够？

帮他的事业，你行吗？专业懂多少，外语会几门？

给他在外人面前增光添面子，你行吗？是否上得厅堂入得厨房？

有钱人不是傻子，甚至比普通人更精明，才不会做赔本的生意。

还记得著名的华尔街征婚的那个帖子吗？

一个年轻漂亮的美国女孩在金融版上征婚：“本人25岁，非常漂亮，谈吐文雅，有品位，想嫁给年薪50万美元的人。你也许会说贪心，但在纽约年薪100万才算是中产，本人的要求其实并不高。想请教各位一个问题：怎样才能嫁给你们这样的有钱人？我约会过的人中，最有钱的年薪也不过25万。”

然后，一位华尔街的金融家这样回复了她：

“亲爱的波尔斯：让我以一个投资专家的身份，对你的处境作一个分析，我年薪超过50万，符合你的择偶标准。从生意人的角度来看，跟你结婚是一个糟糕的经营决策，你说的其实是一笔简单的‘财’‘貌’交易，但是，这里有个致命的问题，你的美貌会消失，但我的钱却不会无缘无故减少，事实上，我的收入可能会逐年增加，但你不可能一年比一年漂亮，从经济学的角度讲，我是增值资产，你是贬值资产。

“用华尔街术语说，每笔交易都有一个仓位，跟你交往属于‘交易仓位’，一旦价值下跌就要立即抛售，而不宜长期持有，也就是你想要的婚姻。听起来很残忍，但是年薪能超过50万的人，都不是傻瓜，因此我们不会跟你结婚。所以，我奉劝你不要苦苦寻找嫁给有钱人的秘方，你倒可以想办法把自己变成一个年薪50万的人，这比你碰到一个有钱的傻瓜可能性更大。”

话说回来，如果你是一个有能力、又聪明、又贤惠的姑娘，那么恭喜你，你是一位出色的女性，你能牢牢吸引住一个有钱人，而且有资本把握自己的家庭，还有自己的未来，你的男人就算有婚外恋的可能，也不会抛弃你这等贤内助。如果这些你都不可以，你只能赶快充实自己，做一个能帮老公、衬老公的优秀女人，或祈祷你的老公是个百世不遇的好男人，万花丛中过，片叶不沾身，只对你情有独钟。如果这些都不行，只能请你自求多福，早晚有一天，你会发现第三者、第四者，你会发现自己与老公的世界格格不入，请你离开只是迟早问题。可怜你心比天高，实际上命比纸薄。

丽娟是我认识的一位姑娘，她的遭遇是典型的说明。

丽娟爱漂亮，爱浪漫，虽然出生于普通工人家庭，但她一贯花钱大手大脚。自从大学时代开始，她就一门心思要钓个“金龟婿”，经常参与各种社会人士的聚会。丽娟觉得和自己年龄相当的男孩大多都是无房无车无收入的赤贫一族，即使到时候找个好工作，也得一点点摸爬滚打才能混出个样来，如果能钓个“金龟婿”，那生活起来就容易多了。仗着自己身材苗条，容貌俏丽，大四那年她还真遇上了期待已久的“白马王子”，对方叫王丰，是一位身家千万的民企老板。经打听得知，王丰曾离过一次婚，没有孩子，至今单身。丽娟觉得自己的机会来临了，于是找准一切时机向王丰频送秋波。经过近半年的“狂轰滥炸”，王丰终于拜在丽娟的石榴裙下。

为了让自己早日过上富太太的生活，刚刚毕业的丽娟和王丰交往 3 个月不到，就去民政局领了结婚证，当年的五一又举办了隆重的婚礼。事情的进展如此顺利，连丽娟自己都不敢相信。想想自己不到一年的时间里，就从一个穷学生摇身一变成了富家太太，全身的细胞都笑开了花。然而好景不长，就在丽娟沉浸在自己的“成功”婚姻中时，她听说王丰外面居然还有别的女人，更让她难以相信的是，王丰在外面给那个女人买了一套房子。丽娟哪容得下这个，就气愤地去找王丰理论。谁知，王丰非但没有安慰她，反而轻蔑地对她说道：“你嫁给我不就是图我的钱财和地位吗？我供你吃供你穿，我哪里对不起你？你就应该好好听话！你凭什么来管我？”

听了王丰的这一番话，丽娟更是怒火中烧。随后又经过几番吵闹，丽娟发现再这样下去，自己不但失去了青春，而且什么都得不到。于是，她决定与王丰离婚，说不定自己还可以通过离婚来获取一定的资产。可是令丽娟没想到的是，王丰自己名下根本没什么资产，公司是以父亲的名义注册的，就连房子都是王丰妈妈的名字。丽娟更是绝望了，至此她才明白，原来“豪门”不是这么容易混的，人家的算盘比自己打得可精多了。就这样持续了不到半年，丽娟从进门时的两手空空，到出门时仅有的一张离婚证书，一心想成为阔太太的梦想就在转瞬之间破灭了。

俗话说“一入豪门深似海”，想嫁入豪门者不都是想飞上枝头变凤凰吗？那也得看你能不能承受得起。你以为灰姑娘嫁给王子就幸福了吗？灰姑娘一不小心就被王后折磨致死。如果王子还是一个花心的王子，留在豪门的经营之累，你心甘情愿吗？能留在豪门比嫁入豪门难度系数还要大。

说到底，“嫁给有钱人”是个危险系数超高的梦想。所以，提醒那些还在混沌世界里做梦的姑娘们，别再满怀憧憬地等着嫁个如意郎君来实现自己“麻雀变凤凰”的梦想，不要等到自己韶华耗尽还在嗔怪这世界上的男人都有眼无珠。趁着年轻，与其在深闺做个怨妇，不如活出高嫁值的自己。

静静地和自己谈一场恋爱

热情的Joyce是我们这一帮朋友中的“开心果”，她流连于各种聚会派对之中，不管是K歌、逛街、运动，还是旅游、聚会、打牌……她都是最积极的参与者，而且善于调节气氛，她会照顾到在场的每一个人，无论认识的还是不认识的。我一向羡慕Joyce这样积极向上的女人，后来才得知她如此热衷社交的理由居然是因为单身，她害怕一个人吃饭、一个人逛街、一个人看电影。每当独自在家，她就会莫名地空虚，不知道该干点什么，仿佛自己被全世界抛弃了一般……

群居是人的重要社会属性，似乎没有人愿意感受孤独、寂寞的滋味。但是生活就是这样，往往需要我们一个人面对一个偌大的空间，或者一段或长或短的时光。比如，你的男友还没出现或者离你而去，或者临时出差；你的女友要去陪她的男友，那些单身的玩伴也有突然之间全部有事的时候……

此时的你，会不会倍感孤单？无所事事？不知所措？

坦率地说，和男人相比，女人的独处功力略逊一筹，探究其背后的心理原因，我们发现：女人天生情感细腻，善解人意，也乐于跟别人分享，加之她们先天敏感的特质，缺乏关注对象更易焦虑。因此，她们喜欢跟人在一起交流，目的就是为了能通过交流获得更多的信息，来反复确认自己的讨人喜欢程度。

但另一方面也表明，一个特别害怕独处的女人，其依赖性往往是比较强的，她的自我意识也不健全，因而人格思想也就无法真正成熟。这样的女人活得很狭隘，没有自我空间，思想也会变得越来越贫乏，生活也就变得单调而无味。

父母不能永远陪伴我们，牵手走过人生的伴侣也会有先离开的那一个，孩子长大后有自己的生活，没有人能够同我们相依一辈子，除了我们自己。

与自己相处，是生命之曲的基调。正所谓宁静以致远，一个人的时候，正是跟内心对话的最好时机。让心灵退入自己的灵魂中，静下心整理思绪和心态，聆听自己内心最真实的声音，真正形成一个相对自足的内心世界。你会发现最真实的自己，进而更快进入生活角色，更好地投入到事业或者家庭之中。

某天下午，办公室里的三个女人，正演绎着一台“戏”。

女孩A开心地吃着下午茶，嘴里说道：“呵，男朋友给买的，刚刚开车送来，知道咱们临时办公的地方偏，没有卖好吃的地方……”邻桌的女同事B好生羡慕，唉声叹气一番，说：“真幸福，怎么就没人给我送呢？”说完，转过头对着不太爱凑热闹的C说：“看看人家，你也赶紧找个送爱心零食的人吧！”C对于这种问题，实在很无奈，只好回应着说：“那你给我找一个吧！”

其实，C心里想说：为什么一定要找一个可以给自己买零食的人呢？自己也可以去买。没有恋人，不代表过得不好，一个人的生活同样可以很诗意，很灿烂。恋爱结婚都是顺其自然的事，若是非要等到那时再去体味幸福，那么之前一个人的时光岂不白白浪费了吗？她是这么想的，也是这么做的。30岁的她，不觉得一个人的日子很孤独。情人节那天，多少女人看到出入成双的情侣心生羡慕，可C却很淡然，她给自己买了一盒巧克力，到电影院看了一场电影，过得也很有情调。她相信，该来的总会来，不管是一个人还是两个人，都只是生活的方式，它们的内容应该是一样的，那就是充实和幸福。

瞧，一个人的世界可以很落寞，也可以很精彩。一个人的心情可以很糟糕，也可以很愉悦。选择怎样的方式是你的事，不过一个懂得爱自己的聪明女人自然应该挑好的事情来做，用独处的时光照顾好自己。正如作家张小娴所说：“当爱情缺席的时候，我们一定要学会独处，要学着过自己的生活。过自己的生活，就是跟自己谈恋爱，把自己当成自己的情人那样，好好宠自己。”

学学《好想好想谈恋爱》里的谭艾琳吧。

谭艾琳是一位有才华、有思想的女人。她优雅清高，品位不俗。她自己开了一家书吧，供有品位之人聚会消遣，平时亦喜欢写点女性文章。随之，她的爱情也悄然降临。一个叫伍岳峰的男人打动了她，但伍岳峰对她始终若即若离。周而复始，加上平时朋友少，很少参加聚会，这让谭艾琳一个人拥有了太多独处的时光：无聊的假日、空旷的寓所，没有人打扰、没有人陪伴、没有人分享。

在别人眼里，谭艾琳是个孤独的女人。可在她心里，并不这样觉得。别人惧怕的孤独，却是她难得的享受。空闲的日子里，她会一个人在厨房做一顿自己最爱的饭菜，在房间里看一场喜欢的电影，或者写一两段文字，记录生活的点点滴滴和心情的起伏……她看起来是那么快乐和满足，一时间，倾倒众多男性。

独处如此美妙珍贵，聪明的你又怎么可以放弃这样的优待？

我曾看到过这样一句话：“如果你是别人，你会和自己谈恋爱吗？”觉得特别有感触——现在的我，是什么样的？我的好、我的坏，是什么样的？如果我是别人，我会和自己恋爱吗？为什么会，为什么不会？如果不会，那我该怎么办呢？……瞬间，我问了十万个为什么，而为什么的最末端，我意识到的是这样一个问题：倘若我都不够爱自己，我凭什么去吸引一个“对的人”？

是的，不要因为被催就急着恋爱或结婚，单身时就把单身的日子过好。利用这些空闲时间阅读一本书、看一场电影；整理一下衣橱、试遍所有的衣服，或做一次房间大扫除……当你把单身生活过得非常好时，就像是领略诗中的一种惆怅、飘然的意境，心中是满满的享受，还愁没人欣赏你吗？

打扮漂亮再出门，说不定遇到王子

一段时间我在追一部叫《校阅女孩河野悦子》的偶像剧，日式励志故事，很轻松。平凡女生河野悦子的人生理想是做一名时尚杂志编辑，但连续面试了六次都失败。第七次好歹是成功了，可录取她的，竟然是跟时尚没有半毛钱关系的校对部，这是一份十分枯燥的工作。但河野悦子决定在这个职位好好干，等机会调去时尚部。凭借一番努力，最终河野悦子事业和爱情双丰收。

光看梗概，你可能会觉得，又是一个老土到不行的鸡汤故事。但日剧最厉害的地方就是，他们总能把鸡汤变成鸡血。上班想要有好心情，河野悦子告诉我们，第一件事就是要穿好看，她每天都是打扮得漂漂亮亮来上班，穿的也不重样，而且都超美。她说过这样一句话，觉得挺有道理："人最重要的是内涵，这种事我当然知道。我又没说内涵不重要，我只是觉得外在同样重要。"

可看看我们身边，却有很多女性因为忙碌，因为懒惰等原因，而疏于打扮自己，顺手抓过一件衣服套上就上街，也不清楚自己是否蓬头垢面。殊不知，当你开始邋遢的时候，你就已经慢慢失去了作为一个美女应有的态度了。这时候，你给别人的印象就会大打折扣，甚至还可能会因此错失美好的爱情呢！

毕业两年多的女孩苏森，现在一家上市金融公司工作，一次偶然的机会我们相识。苏森曾和我抱怨，一到节日办公室里的女同事们纷纷收到鲜花、巧克力等象征甜蜜的礼物，可她却总是两手空空。其实，她对于一份美好爱情的降临是非常期待的，可她为什么在应该享受甜蜜爱情的年龄里却只能望着别人的幸福而感叹呢？原来，苏森是个不够整洁，有些邋遢的女孩，经常是随便拿一件衣服就穿，头发也是乱蓬蓬的，更别说化妆什么的了。结果，当身边的朋友给苏森介绍男朋友，在交往一段时间后，人家就发现苏森太过邋遢，有个男孩甚至说："没结婚就这样，要是结婚后还不更邋遢呀！"

很显然，苏森这样不注重穿着打扮的邋遢女孩给人的第一感觉就不好，在爱情的路上自然就多一些波折。所以，每当发现身边有不太爱打扮的女孩时，我都会尽量去提醒对方要注重形象。如果对方恰好单身，而且大家关系又不错的话，我还会用玩笑的口吻表示："要想遇到心目中的白马王子，可不要做邋遢女生哦！"

在成年人的世界里，以貌取人是最为快捷的一种识别方式。一点都不难理解，女人不修边幅，邋里邋遢，会让人第一眼看到就不舒服。相反，一个打扮得适宜得体、干净清爽的女人，哪怕她穿得并不华丽，也并不时尚，都会让人感到愉悦，无论是职场还是情场，她们都会获得更多的机会。

之所以这样，主要是"第一印象"带来的影响。就像英国形象大师罗伯特·庞德说的："这是一个两分钟的世界，你只有一分钟展示给人们你是谁，另一分钟让他们喜欢你。"事实上，第一印象的建立就像在一张白纸上画画，美也好，丑也罢，画上了就难以抹去，甚至还会左右人的行为和判断力——人们往往会无缘由地将好感和支持给予第一印象好的人。如此看来，为了这虽然短暂但却至关重要的两分钟，我们尤其要在意自己的穿着打扮。

因为受母亲的影响，我从少女时代就开始有意识地注重这些了。到了二十多岁的时候，就更加注意。我一直告诉自己，作为女人，我可以没有锦衣华服，可以没有胭脂水粉，但我不能没有干净清爽的外表。说到底，女人一定要将美丽进行到底，不要拿没有时间、没有钱当借口，干净利落的外表和生活作风是不会花费很多钱和时间的。姑娘们，要将这句话铭记于心：你只有一分钟展示给别人你是谁。

"不就是臭美吗，有什么了不起？"说这话的人，肯定还没有意识到，打扮自己不仅仅是看起来好看，而是面对所有事物的自信和底气。

我的朋友于女士说，她迄今忘不了二十八岁的那天。

那天，于女士像往常一样顶着黑眼圈，穿着已经穿了三天的衣服走进办公室，懒洋洋地打开电脑，突然发现自己的邮箱里有一封陌生的邮件，看完之后，她觉得自己的心脏都要停止跳动了。那是她最爱的作家发给她的邮件，他们做了很多年的笔友，他邀请她去参加他的新书发布会。兴奋感持续了整整一天，下班的时候于女士依然春光满面，直到几个年轻同事对她说："于姐！我们先走了！"她的笑容突然僵在脸上，她低头看着自己土气的服装，摸摸已经干巴巴的脸，她被一种巨大的恐慌攫住。她退缩了，因为不自信，她不敢以这副模样去和自己的男神见面。

好在于女士及时醒悟，下班后她走进美容院，请美发师为自己做造型，做皮肤护理，化最简单的妆容，接着去服装店买了几件早就看中的衣服，当即换在身上……当她第二天出现在办公室时，同事们竟以惊喜的眼光看着她："你今天好漂亮！"仅用了一个月时间，于女士便脱胎换骨，转身变成了一个非常靓丽和时尚的女人。她翻出自己一个月前的照片，自己也惊讶改变竟然如此巨大。终于，于女士有了勇气去和自己的偶像见面，他们相谈甚欢，这使于女士对生活有了新的向往。

认识许久之后，于女士才说起这段往事，当时她已经和这位男神结婚。我随朋友去她家里做客，她的光鲜亮丽令我们眼前一亮。她的先生一面招呼我们，一面看着他的太太，眼光里满满的全是爱意——先生看太太的眼神，最能够看出这个女人在他心目中的地位。其间，于女士说女人的美丽并非为了别人，说到底都是对自己的负责。不必等别人约你，美丽是女人与自己的约会。

有时，我们敷衍的不是一鞋一帽和一衣一衫，我们敷衍的是自己全部的人生。

爱打扮的姑娘更好命，这一点，年龄越大，你会看得越明显。有一句话说：

“女人一定要打扮得漂漂亮亮再出门，说不定下一个路口就能遇见你的王子。”对此，我深以为然。如果你觉得生活太平凡，如果你一直苦苦等待爱情，又不知道从哪里开始改变自己，那就从坚持每天打扮漂亮开始吧。

漂亮女人总是敌不过性感女人

判断一个女人是否美丽，直观的标准便是她是否有着美貌和好身材。不过，我采访过一些审美能力较强的男士，他们对女人美的欣赏，除了容貌和身材，还大都提到了性感。一位在事业上颇有成就，生活上也如鱼得水的男士就说：“‘小萝莉’们是可以用美丽、可爱等词汇来形容的，但是女性还是性感一点更有吸引力。女人的性感是一种撩动人的情欲的感觉。”

怪不得资深婚恋专家苏岑女士说：“一个女人被夸赞漂亮是寻常，一个女人被夸赞性感是荣誉。漂亮女人总是敌不过性感女人。”可见，性感是赞赏一个女人的至高荣誉！

女人的性感之所以得到这么高的评价，实在是因为它能无形中展现出一种风情万种，引发异性一种性的吸引力。我观察过一些称得上性感的年轻女性，她们走在人群中会很自信，因为她知道自己身上散发出来的都是迷人的气质，能轻易地激起人们强烈的爱慕、思恋、追求的欲念，令人欲罢不能。

我记得几年前，美国著名的时尚杂志《Maxim》评选出来的“年度世界上最性感的女人”奥利维亚·维尔德。她是美国著名的电影演员，出演过《橘子郡男孩》《黑帮唐纳利兄弟》《豪斯医生》等美剧，受到了众多男性时尚杂志的热捧。就连知名性感女神梅根·福克斯都毫不吝啬自己对奥利维亚·维尔德的“爱”，她说：“如果是我，也会选奥利维亚·维尔德。她实在太性感了，让我想赤手掐死一只山羊。”

看到这里，正在读本书的你，是不是也在回想自己所熟悉的哪个演员，或者哪个朋友，甚至是自己，是否属于性感的女性呢？

俗话说“爱美之心，人皆有之”，每个女人都需要美，尤其是渴望寻求一种带有超凡魅力的女性美来展示自己最好的一面。而性感正是造物主赋予女人的最佳韵律，它与男人的阳刚之气形成鲜明的对比。男人对于性感的喜好，更多的源于对这种气质的偏爱，因为它就像嗅花之前的叹息，又似沐浴之中的迷雾，还像是转身之后的袖风，抑或眼神之外的一瞥……如此风情万种的女人，男人怎能不疯狂、不惊叹、不汹涌澎湃、不心潮起伏呢？

所以说，性感是女人吸引男人、征服男人的有力武器。一个有着性感磁场的女人，其身价也会随之上涨，俘虏优秀男士的心也就不是什么难事了。这样的女人在爱情中就会占据主导地位，从而赢得自己期待中的一切。你看看，世界上性感得独一无二的女人，不管是梦露、麦当娜，还是莎朗·斯通，哪一个因为爱而急着要做新娘呢？——爱她的男人多得数不过来，所以八十岁也不急着当新娘。

看到这儿，可不要以为性感就是搔首弄姿，穿着暴露。关于性感，中国首席名模姜培琳曾说过这样一句话：“性感不是外观化、表面化的东西，更不是夏天暴露一点就性感了。在我看来，性感往往是通过一些不经意的动作或表情透露出来的，性感的女人应该是优雅的、随意的和干净的。”

我比较赞同姜培琳的说法，性感的确是一种由女性的肢体表达所散发出来的魅力。有研究表明：一个女人如果想要向外界传达完整的信息，语言的成分只占 7%，声调占了 38%，而剩下 55%，主要是通过肢体语言所表达的。不是每个女人都可以美丽无敌，但我们却都可以把自己塑造得性感。

京城的著名健身教练糖糖是人们公认的性感女人，不过，初识糖糖的人，很少能发掘这一点。她既没有高挑迷人的模特身高，也没有让男人们一见倾心的容貌，走在人群中很不显眼。据说，有一次，糖糖去朋友开的健身房做代课老师，学员们刚见到她的时候都有些失望，特别是些男学员，抱怨她怎么看都不像健身教练。但是，半个小时后，这些男学员们大都改变了先前的看法，一个个紧盯着糖糖看。

其中的一位男学员低声嘀咕道：“没看出来，这个老师运动起来挺性感的。她举手投足之间都充满风情，一颦一笑充满魅惑。”

另一个男同学也附和道：“没错！你们看她的紧身背心浸着汗贴在身上，扭动的腰肢被汗水浸出一条凹凸有致的线条，凌乱的头发随意地落在脖间，脖子后边的汗珠顺着她拉伸的背部线条滑落，还有她专注而陶醉的神情，非常性感，让人着迷。总之，我觉得她全身都散发着诱惑力的光芒。”

旁边的女学员们听到男学员对糖糖的评价，非但没有反对和嫉妒，反而纷纷表示赞同。

看来，知名教练糖糖吸引别人凭借的既不是美貌，也不是身材，而是性感。她并没有刻意地搔首弄姿，或者衣着暴露，而是用自己充满魅力的肢体语言展示给学员们她最性感的一面，让人们看到了她那迷人的气质。因为性感，她不但赢得了周围人的欣赏和欢迎，还受到了“白马王子”的热情追求。

在对一个年轻女性进行评价的时候，我比较崇尚综合的考量，其中当然包括是否性感。少女时代，我们会因为别人夸自己漂亮、可爱而高兴，而到了成年，尤其是二十岁之后的阶段，或许当被别人夸奖性感时，我们的心里会更“美”吧。也常有一些女孩向糖糖“取经”，询问怎么才能让自己如她这般性感。

为此，糖糖总结了一些要点，我借花献佛，和我亲爱的读者朋友们分享一下：

眼神：眼睛是心灵的窗户，是女人最具有杀伤力的器官。女人的眼睛不一定要多大，但要有神有韵，充满流盼，春色荡漾，足以让人想入非非，若再带一点点女人的矜持，不狂野，也不让人感到妖冶，这种读得出明媚却不滞涩，适度缠绵又不会使人腻恶的眼波便是性感的发源地了。

20 世纪 60 年代，红透半边天的法国影星碧姬·芭铎一度成为全世界瞩目的影坛巨星。在多年职业生涯中，她主演过《穿比基尼的姑娘》《蓝天使》《金发维纳斯》等多部电影，很多男性观众声称她的电影具有很强的吸引力，并将她称为“性感小猫”。除了完美的身材、姣好的容貌之外，眼神是碧姬·芭铎的秘密武器。她的眼神天真带笑，夹杂着缥缈的、懒洋洋的味道，令观众感觉非常“来电”。

举止：在各式身体语言中，不经意的自我触摸是最让人销魂的动作。如不经意地咬手指、托腮、把头发潇洒地向后拨、双手轻轻地捧着脸庞、无奈时耸耸肩膀、交叉双手轻抚着肩头或后颈等都是些性感的动作。曾主演过《海角惊魂》《天生杀人狂》等多部电影的美国影星朱丽叶特·刘易斯就非常擅长这一点。有时间的话，大家可以在网络上搜索一下朱丽叶特的照片和电影，以便自己更直观地学习。

服饰：材质不在高贵，而是在和谐中透出精致、体面和高雅。或许远离时尚前沿，但也决不与世俗为伍，不会一味浓妆艳抹，不会一味地暴露身体，而是在与众不同的别具一格中追求品位、格调、含蓄和韵味。

修养：性感需要修炼，它包括学识、人格文化等各方面的塑造。我对于性感本质的理解就是，不轻浮造作、不庸俗妖媚，让自己在安静、安详、孤独的处境里，学会以冷静、理智的眼光审视世界，学会把从容、谦和、自尊、自信等美好气质凝聚起来，自自然然地把女人生命中美好的娇艳释放出来。

知晓了性感之于女人的要义和如何让自己变得性感的要领，那么就赶紧修炼起来吧！当你的一个眼神，一个举动，一次回眸，一次转身，都能随意散发出来那种“撩人于无形”的姿态，进而展现出无与伦比的魅力，令男人们有无穷尽的遐想和向往时，你无须怀疑，真爱就在前方。

教养，在举手投足间显现

如果有人问我："你觉得女性最需要学习的是什么？"

我会毫不犹豫地说："教养！"

又有人问："什么才是教养？"

我回答："教养就是细节。"

有没有教养，无关知识、无关金钱、无关地位，而是体现在日常的一举一动中。

我偶尔会去参加网友聚会，一个论坛或一个群里聊得来的人一起出去吃饭，谁也不知道谁的名字、年龄、工作，可以卸去平日的伪装，轻松度过一个AA制周末。这个时候，我一般都会选择T恤牛仔，素面朝天，扎马尾辫，穿帆布鞋。来聚会的人多是女性，而且大多和我一样，穿着简单随意，但我仍然能一眼看出她们的心思，能够大概推测出她们的性格，甚至判断要不要与对方深入交往……

那个说话时总是喜欢将手刻意摆在对方视线范围内的女子，指甲晶莹剔透，绘着五彩花样，显然刚刚做完美甲，没事就要显摆一下；她还不止一次地肆无忌惮地打着电话，说话的分贝很大，狂放的笑声久久回荡；

坐在我旁边的姑娘年纪不大，小动作不断，一会儿抠抠眼，一会儿又撇撇嘴，说话时不停地摆手，而且还会不自觉地抖腿或者晃脚，可看出此人欠缺社会历练，性格大大咧咧、不拘小节；

……

在这所有人中，有一个人最吸引我的目光，她话不多，打扮也不张扬，她端坐在那里，双目注视着我们，偶尔晃动一下手中的杯子，看里面的液体旋转轻漾。当留意到我的目光时，她微笑着向我致意。这些动作是自然的，隐秘的，不留意的话根本看不到。和她说几句，果然是个见解不凡，情调别致的熟女……

你看，教养就是一件件很小的事情，在举手投足间显现，但细微的表现无时无刻不在告诉别人，你的家教、人品、性格、价值观是什么样子。不经意间，你是什么样子，明眼人都会了然于胸。一个女孩子可以貌不出众，可以平淡无奇，可以资质愚钝，甚至可以没多少气质，但绝对不可以没有教养。

日常生活中，每个人都会有或多或少的小动作，当你不经意、无意识地做出这种不良动作时，你可能根本没有想到它正在一点一点地毁坏你的形象。为了避免这种不自知的行为发生在自己身上，想要修炼成有修养的女人，就应该从头到脚收起那些不雅的小动作，千万不要因这些小动作失礼于人前。

如果你对自己不够了解，那么赶快找几个能直言的闺蜜来一番“动作调查”，让她们说出你的每一个小动作。接下来，找个没人的时候，对着镜子按照她们说的一个一个做，看看有没有不妥。那些看着不雅的，马上改；无伤大雅的，注意控制；萌萌的，保留。

还有一种方法可以配合使用，你去观察身边的女性，你的朋友，你的同事，你的上司，看她们的小动作哪些让你觉得反感，哪些让你觉得可爱，前者戒除，后者借鉴。要注意，有些小动作很有个人色彩，你学了不一定有人家的效果，还是少学为妙。

下面是我总结出的，女性与人相处时最应该避免的小动作：

身子不停乱晃

女人要坐有坐相，站有站相，身子千万不能不停地乱晃。我们形容一个女子大笑，经常用“花枝乱颤”，想象一下，清脆的笑声配合着纤美的身体，的确有美感。但是，如果这枝花随时随地都在乱颤，你还会觉得美吗？你会觉得这个人根本没有女人样，对别人不尊重，甚至觉得她轻佻。

抖腿或者晃脚

有些女性朋友在坐着与人交谈时，会不自觉地抖腿或者晃脚，也许这让你觉得舒服，但这种小动作会让别人觉得你是一个轻浮、随便、缺少教养的女人，对你的印象大打折扣，无形之间，你的魅力系数也会受到很大的影响。所以，在日常生活中，尤其是在公众场合，我们一定要杜绝这一行为。

抠指甲和咬指甲

有些女性在缺少安全感的环境以及感受到压力的时候就爱做这个动作，抠啊抠，咬啊咬，这可以让人减轻焦虑、恐惧以及寂寞的感觉，而且有时会让人觉得很可爱。但在公共场合，这个动作会显得你不大方，没自信。何况，你指甲下藏着各式各样脏兮兮的病菌，很容易引起细菌感染，得不偿失。

下意识地捂嘴

大笑的时候，捂嘴掩饰一下情绪是女人们的标志性动作，这让人觉得你诚实可爱，但是动不动就捂嘴的话，就有失你的个人形象了。我就见过一些姑娘说错了话捂嘴，紧张时捂嘴，这样可爱吗？我真心不觉得，反而认为这样就没有了女人矜持的优雅感，是一种害羞，甚至忸怩的糟糕表现。

大嗓门地说话

别的不说，单单大嗓门这一点，就让我极其讨厌，我最不喜欢说话大声的女人了。这一点需要做一下解释，任何人都有大声说话的时候，但是动不动就扯开大嗓门瞎吼，就是一种没有素质、粗鲁的表现了，你以为到处都是菜市场吗？你以为你是河东狮吼吗？这样的女人很多男人都会避开的。

不分场合地补妆

有些女人大方到了一定程度，在大庭广众之下就能拿出化妆包，打开妆镜，化妆水一喷，口红一抹，粉扑一扑，旁人闻着袅袅香气，看你对着镜子做一个满意的表情。你以为他们在欣赏？其实他们在想你为什么这么懒，洗手间明明就在十几步以外！不管你多爱美，在别人面前拿出镜子就是失礼，若还要涂脂抹粉，你还有基本的礼貌吗？

与人交头接耳

在公众场合经常与人交头接耳，这是很多女性的通病，也是破坏女性形象的隐形“杀手”。别人听不到你在说什么，他们未必以善意来猜测你，可能会疑心你正在说他的坏话，认为你是一个非常小气、爱搬弄是非的人。特别是在他人讲话的时候，你耳语，说话的人会以为你对他有意见，对你产生反感。

当众抠鼻子、随地吐痰、乱扔垃圾等

相信不管是女性还是男性，这些不文明的习惯都会让自己的形象大减分。尤其是女性，一旦出现类似的不良习惯，就会给自身“形象工程”带来毁灭性的打击。试想，有谁会对一个有当众抠鼻子、随地吐痰、乱扔垃圾等不文明习惯的女人产生好感，留下好印象呢？相信不管这位女士长得多么漂亮，穿着打扮得多么讲究，大多数人都会向她投去厌烦的目光，甚至会当众指责。

小动作的问题听上去不难解决，但却是“顽疾”，那些影响形象的小动作已经被你的身体记住，总是不知不觉就冒出来，连你本人都未必意识得到。

我有一个关系不错的同事，她知道自己有个小毛病，就是坐着的时候喜欢抖腿，于是就托我常常提醒她。所以，每次只要她一抖腿，我就会用手里的档案夹拍她一下；若有旁人，我就会咳嗽一声。不到一周，她抖腿的问题大大好转，一个月以后，顺利解决。所以，戒除某个小动作的时候，你需要一个“监督”，最好是你的爱人、你的室友、你的父母或者和你关系亲密的同事。告诉他们只要看到你做这个动作，就不留情面地训斥你，被训个百八十次，你肯定能改过来。

关于我自己这方面的训练，说起来真是苦不堪言。

大学的时候，我的导师邀请包括我在内的几个学生去他家里吃饭。他有一双儿女，一个四岁，一个五岁，吃饭的时候，我发现这两个小宝贝非常乖，端端正正地坐在桌子旁，吃自己盘子里的食物。没有其他小孩子的上蹿下跳，或指着盘子说“爸爸我要吃这个”“妈妈给我拿那个”，大家不禁夸孩子们真有教养。导师的太太是个英国人，她很骄傲地说：“因为我从小就训练他们，如果他们吃饭发出一丁点声音，我都会罚他们不准吃饭。”见我们咋舌，她说：“我小时候就是这样被妈妈训练的。我也抱怨过妈妈，但现在我感谢她。”我早就觉得导师太太的教养特别好，听了她的话，又留心观察一番，把她与自己一比较，我大受打击，当即下定决心，一定要跟她好好学习下！

英国人古板的家教，导师太太固执的个性，让我吃尽了苦头。我们一起吃饭时，她不能容忍我斜靠在椅背上，即便我是真的很累，也要求我必须腰板笔直；和她在一起时，我一定要抬头、挺胸、收腹、脊背直，不能摇来晃去；甚至连说话、接电话的声音都有严格的规定，多么紧急的情况也不能超过50分贝……她对我的动作、讲话一个劲儿地皱眉，最后直白地问：“上帝啊，你的父母怎么能允许你这个样子？”有时候她还会用一把尺子打我，那毫不留情的“啪啪”声，让我至今想起来还心惊肉跳。训练的那段时间，我的自信几乎已经崩溃，但为了学习，我忍。

值得庆幸的是，我“毕业”时，导师太太终于对我露出了微笑，并夸奖我说：“现在，你已经是一个很有魅力的淑女了！”当时我没有特别高兴的感觉，后来当认识的人不断地夸我“气质真好”“看着你觉得特别有涵养”；当我发觉不论出席什么样的场合，我都能进退自如时，我才真正意识到自己得到了什么，也越来越感谢导师太太的严格与负责，更庆幸自己没有在苛刻的训练下退却。

容貌会随着时光的流逝而渐渐衰老，但优雅端庄和彬彬有礼的举止却会像陈年的老酒一样，越沉淀越香醇。永远都不要忽视你自己，在任何一个细微的地方都不容懈怠，避开那些不必要的不雅小动作，然后在实践中总结不足，继续练，直到完美，那么你在举手投足之间都将散发出无与伦比的魅力。你的形象会发生天翻地覆的转变，到那时，相信任何人都会忍不住多看你几眼。

因为无法掌握，所以魅力无边

某天和同事小美聊天，她不经意向我吐露心声："为什么我的样子不丑，脾气不坏，条件不错，但周围的男人们就只是和我成为好朋友，好哥们儿，甚至是无话不说的知己，但就是不和我来电？我的桃花到底什么时候会开呢？"

我没有直接回答，而是反问了一句："男人究竟喜欢什么样的女人？"

男人究竟喜欢什么样的女人？美女？才女？淑女？

这些答案都对，又都不对，因为男人最喜欢的是神秘女子。你瞧，有些女人约会时话语不多，欲言又止，看不真切，看不明白，而且想走就走，似乎一点情面都不给男人留。但就是这样的女子对男人更能勾魂摄魄，也最让男人牵肠挂肚，"她在想什么？""她到底喜不喜欢我？""她那个眼神是什么意思"……

男人为什么喜欢神秘女子？说白了，每个人或多或少都有一种好奇心理。相信你深有同感：看电视剧的时候，每天播两集，你都会在第二天迫不及待地等待电视的开播，因为你心里惦记着剧情的发展。而如果你已经提前一股脑地把所有的剧情都了解了，反倒会觉得看不看都无所谓。

换句话说，如果你把自己完全地呈现在男人面前，是自降身价，会让男人对你没有多少兴趣。相反，你若始终有所保留，吊男人胃口，他反而觉得你高贵，对你感兴趣。正如香港电视剧《金枝欲孽》中的一段台词："要得到男人的心，最下乘的方法是千依百顺，这样会让男人觉得索然无味；中乘的方法是若即若离，让男人觉得可望而不可即；最上乘的方法就是求而不得……"

太容易得到的东西，往往不珍惜，而总也得不到的东西，却常常被认为是最好的，这是人们的普遍心理，男人更是如此。当女人一旦在男人眼中产生神秘感时，就会增加无法用言语形容的魅力，在男人眼中也就会无形地“增值”，成为他心目中永远高高在上、念念不忘的女王，他会情不自禁地靠近你、着迷你，如此你就掌握了爱情的主动权。

在这方面，埃及艳后是一个高手。

为了争夺王权，还是公主的埃及艳后正遭遇弟弟的追杀，她必须获得强有力的依靠。她将自己像货物一样包在一条长长的毛毯里，命人将自己像礼物一样献到罗马共和国的统治者恺撒面前。恺撒轻轻打开毛毯，一个女人红发披肩，笑意迎人地站了出来。面对这个突然而至的神秘美女，恺撒如钢铁一般的意志被击溃了，替埃及公主夺到了王权。就这样，埃及公主嫁给恺撒成了埃及艳后。

后来恺撒兵败，埃及艳后又用特别的方式征服了罗马的另一个统帅安东尼——风光旖旎的尼罗河上，装饰极为华美的画舫，上面倚着一位绝代佳人，她就是埃及艳后。安东尼遣人请她下船相见，不料女王拒之。对于征服者来说这种出人意料的抗拒无疑是一种公开的挑战，安东尼感到惊奇、神秘，他不由自主地上了船，丘比特的爱箭一下射中了这位高傲自负的男人，埃及托勒密王朝免于灭亡。

如何让自己变得神秘呢？这里提供给你几个方法，效果都是非常不错的。

自己的事情不要说太多

不要把自己的事情一清二楚地都告诉男人，你对他已经没有了秘密，男人不用想方设法地了解你，对你的兴趣也就没有了。不妨只说七成，留三分让男人有揣摩与想象的空间，他必然会感受到你身上那种迷人的气场，为之着迷，不停地猜想你此刻在想什么，下一刻会做什么，这是女人培养神秘感的一个重要法宝。

在他的兴头上华丽转身

还记得《灰姑娘》中的那个午夜十二点吗？正当王子与灰姑娘跳舞十分高兴的时候，灰姑娘就逃走了，光是这点神秘就吊极了王子的胃口，结果，灰姑娘成了王子的“梦中情人”。所以，你也可以学学灰姑娘，比如，在他兴致勃勃，说完一段话但又没有完全说完的时候，适时找一个借口和他说再见。欲说还休、欲擒故纵，留有余韵让对方捉摸不透，他必然会对下一次的相会充满了期待。

拥有神秘的内心世界

如果你的心思总是被男人一眼就看穿，那么你就很难勾起男人探索的欲望，他也不会指望能在你身上得到一丝的惊喜。因此，你要拥有充满神秘的内心世界，学会深藏不露，让男人浮想联翩。这也就是为什么很多人认为复杂一点的女人要比单纯的女孩更有魅力，嫁值更高的原因。

以不同的姿态出现

如果你有了心仪的对象，那就学着以不同的姿态出现在他面前，有时候温柔体贴，贤惠大方；有时候又任性撒娇，不讲道理；时不时浪漫一番，偶尔性感一回，这一下子就吸引了男人的好奇心，也就不会对你产生审美疲劳了。

大观园里这么多美女才女，贾宝玉为何偏偏对林黛玉牵肠挂肚？除了彼此情投意合之外，林黛玉还有一招绝活，那就是脾气变化快又多，一会儿粉面含春，笑容可掬；一会儿柳眉倒竖，梨花带雨；一会儿若有所思，默不作声……贾宝玉如瘸子追美女——总是赶不上趟儿，对林黛玉永远是好奇的，觉得她迷人无比。

因为无法掌握，所以魅力无边。

小美是一个心直口快的热情姑娘，自身的经历简单平直，就连我也能看穿她的心思。后来在我的建议下，小美决定改变自己的交友策略，她开始和男人们保持一定的距离，学着保留自己的私人空间。再后来经朋友介绍，小美认识了一位叫皮特的小伙子，她对皮特颇有好感。但这次她却在皮特面前表现得很含蓄，话说七分留三分，而不是把自己的所有事情都说出来；两人约会时无论玩得多么开心，只要一到晚上八点，小美就说自己该回家了，而且有时候她还会突然玩“失踪”，不接皮特的电话，也不给他发短信……这其实就是小美的神秘策略，说她像雾像雨又像风一点都不为过，而这样的诱惑让皮特心驰神往，欲罢不能，进而对她展开了热情的追求。

神秘感是女人的存在感和吸引力之所在，是女人身上无与伦比的美丽光环。

与其抱怨自己没有男人追，没有男人爱，不如多运用一点神秘智慧，让自己看起来像一个高贵的女王。欲说还休，深藏不露，留有余韵，让众人浮想联翩，那么无论是你的感情，还是人生，必定都是色彩斑斓，即便你转身离开，也会让人怅惘不已，回味无穷，好比“孤帆远影碧空尽，唯见长江天际流”。

生活可以简陋，却不可以粗糙

民国时期，北平有位大家闺秀兼双料才女，美丽聪明，学建筑设计，擅长写文章作诗，有浪漫的初恋情人，宠爱她的丈夫，敬爱她的蓝颜知己，人们称她“风华绝代”，她的个性颇为自负，带着才女的清高与美女的骄矜。她会在白月亮底下摆上蜡烛、红酒，在一旁优雅地吟诗，她得意地对老公说：“全天下男人看到这一幕，都会晕倒！”她的老公是个实事求是的理科男，讷讷地说：“可是，我没有晕倒……”才女嗔怪道：“因为你不懂欣赏！”她因疾病缠身，昔日美丽不再，却依然风雅度日。朋友来看望，她会装扮得十分妥帖，在病榻上谈笑自若……

听到这里，不少女人会不屑地说：“你在说林徽因？你不觉得这种女人太作了？”然后，她们会找出很多例子证明林徽因的矫情之处，例如她暗示徐志摩与张幼仪离婚却选了梁思成；例如她与梁思成伉俪情深，却又惹得金岳霖为了她终身未娶。她们看到听到太多关于林徽因的逸闻，特别是她与三个男人的纠葛，这足以让她们看不惯这个女人。

但是男人不是瞎子，世界上美女多，才女也不少，为何当时的大才子大学者们都为林徽因着迷？因为她是一个精致的女子。和她在一起，能够最大限度地欣赏女性的美。什么是精致？精致是情致、情趣、美好、优雅的意思，强调的是一种生活质量。而情调本身没有什么高深的内涵，它仅仅要求你在生活中足够“用心”。什么是“用心”？就是对生活、对自己的每一个细节都有足够的重视，都尽量做到更细致、更舒心。

例如，当你想要喝咖啡时，你会不会想到了解一下咖啡所蕴含的文化，愿不愿意自己细心地将咖啡豆磨成咖啡粉，会不会很有兴致地将水煮沸，有没有选择自己喜爱图案的杯子？如果你觉得这些事烦琐，就说明你并没有体会到其中的乐趣，而且，以我的实际经验告诉你，这些事真的不需要多少时间，需要的是你想对生活中的事有更深层、更广泛的认识，需要你不要有“忙死了我哪有时间”的心浮气躁，需要你不抱着“某些女人生活得真小资”的偏见。

也许有人要和我较真，说好不容易有了休息日，腰酸背痛还有一大堆家务要干，哪有时间磨咖啡豆？但如果你每一天的生活都是整洁细致的，你会在休息日堆积一大堆家务吗？你的衣橱井井有条，所有衣物都各安其位；你的房间从不存放前一天的垃圾，每天都用几分钟整理打扫；你在做饭之后用一分钟把料理台的水渍油渍擦净，使厨具光洁……你真的会积累很多家务吗？所谓的精致生活不是要你坐在烛光边喝红酒摆样子，而是用平日的细致一点点堆积起来的。

精致，更多体现在细节方面。日本人认为生活不能是粗糙的，他们随时随处对细节高度重视。一个纸尿裤，未用时平常无奇，一旦尿湿，彩虹图案赫然出现，提示父母该替宝宝换纸尿裤了；一只杯子，握在手掌里，手弯曲成什么样的弧度才最舒适；一双筷子，包装纸上印什么字、用什么字体方能凸显食物的气质；一处房子用多少盏灯、挂在哪里是最恰当的；……这种平实外表下细节精致的理念，值得我们思考。

又会有人说，精致生活属于那种“花为肌肤雪为肠”的女人，整天柴米油盐的人，何来精致？如果这样说，世界上绝大多数女人只能庸俗一辈子。精致生活离不开思想上的“风花雪月”，艺术的浸染，阅读的浸染，但这些东西本身就在生活之中。每天睡前翻一翻书本，休息时看看电影，听听音乐，让自己的思想常年在大师们的世界里散步，你离精致生活怎么会远？你对事物的看法怎么会流俗？关键在于你愿不愿意去看、去听、去做。

有人还是不同意，她们说精致就是清闲，是有钱人才能玩得起的。这么说只有富翁才能活得精致？当然不是，我来说一件大学时经历的事。

我大学时的一位舍友，是一位来自西北黄土高原的姑娘。她的家是常人无法想象的困窘，学费都是乡里资助的，但是她那瘦削美丽的母亲经常说的一句话是：生活可以简陋，但不可以粗糙。她给女儿做带有荷叶边的裙子、喇叭袖白衬衫，或绸或锦或丝的旗袍，一针一线都非常认真细致，比外面卖的还要好很多。或许正是母亲的生活态度影响了舍友，她从小就养成了精致生活的好习惯，她的杯子、饭盆、书桌等总是擦拭得纤尘不染，洗得发白的床单总是铺得整整齐齐，她还会隔三岔五在校园里摘野花野草，拼出一个造型别致的花束，然后插在宿舍窗户前的花瓶里。当时我就觉得，这个女孩将来的生活就算辛苦，肯定也是有诗意的，因为她有情调，肯用心。

精致，是对美最好的注解，能使平凡生活不再平凡。试想，你走进一间房屋，看到地板被擦拭得一尘不染，明净的玻璃从床边一直延伸到了门口，墙壁上挂着一串淡紫色的鲜花，桌上还有序地摆放着各种精美的小饰品……这一切景象是不是会流露出一种恰到好处的美丽，令人心旷神怡？

女人的精致，是心性，是对生活的肯定，是对自己的爱护。生活可以简陋，却不可以粗糙，想尽自己的能力给自己更好的生活，才能让思想和生活一天比一天更有层次。要记住，一个高嫁值的姑娘得到的评语，不仅是“你是个有魅力的女人”“你是个美丽的女人”，还应是“你是个精致的女人”。

Part 2 最好的爱情，就是你的不同，在他眼里独一无二

爱情最好的模样是什么？不是完美无憾，而是我爱你，如你本来的样子。这里面没有束缚，也没有要求，你就是你，你是独一无二的，没有人能取代，如此真实，如此美丽。那些高嫁值的女人都明白这一道理，所以她们不会去重复谁的来路，也无须参照谁的去程，而是勇敢做自己，看得起自己，进而将自己最好的一面呈现出来。

这世间虽有千般好，但唯你最珍贵

那天突然接到许久没联系的堂妹兔兔的电话，电话那头的她不停地哽咽，问她怎么了，她又欲言又止，着实让人着急。下班后我决定去她的学校看一看，我们约好在校门口见。远远地，我看见兔兔朝我走过来，一路沮丧着脸，皱着眉头，无精打采，和我印象中那个爱笑爱闹的小姑娘判若两人。

“瞧，谁得罪我们家兔兔了？”我半开玩笑地问道。

兔兔似乎难过里夹杂着委屈，憋了半天，很艰难地说出口：“班里有同学说我长得丑，表姐，你觉得呢？我有那么丑吗？！”说完，眼泪唰唰唰流了下来。

兔兔今年刚上高一，不胖不矮，不白不黑，短头发，戴一副眼镜。如果用成人的眼光去评价，这个姑娘虽然不漂亮，但也不丑。虽然脸上有点雀斑，但只要在打扮上花点心思也就不是事了。但高中生才十七八岁，只知道简单地以貌取人，很显然这让只知道好好学习的乖宝宝兔兔很伤自尊。

“我现在真的很讨厌去班级里上课，因为我很担心被同学嘲笑，”兔兔继续说道，“有时站在镜子前，我看自己也不顺眼，皮肤不够白，嘴巴有点大，还有雀斑……”兔兔越说越喘，哽咽到最后泣不成声。

我将兔兔拥在怀里，一边给她擦眼泪，一边说道：“容貌是不可以选择的，就像你不能选择你的出身和父母一样。没有哪个女孩希望自己丑，但实际上女孩没有美丑之分的，我觉得你很美啊。你瞧，你虽然是短头发，但这样看起来多利索、多精神；虽然你脸上有雀斑，但这使你显得更可爱、更自然……其实不管我们的长相如何，我们都要学会欣赏自己，这样才会发现自己的美丽。”

接下来，我又给兔兔简略地讲了美剧《丑女贝蒂》的故事，告诉她：“贝蒂虽然貌不惊人，但她热情善良，有头脑，又努力，她获得了许多人的喜欢，最终在事业上也梦想成真，你说多好。再后来，贝蒂摘了牙套，做了头发，简直就是大美人。现在你要以学业为重，等高中毕业了，姐姐教你打扮，你会更美的，好不好？”

听了我的话，兔兔脸上渐渐有了笑容。

在这里，我举表妹的例子是想告诉那些因为样貌而不自信的姑娘：我们之所以不开心，之所以不幸运，其中一个关键原因就是我们太过挑剔自己，也不懂得欣赏自己。自己长了一张圆脸，偏偏想要瓜子脸；自己的身材丰满，偏偏想要苗条的身段；自己长了一张小嘴，却偏偏喜欢朱莉亚·罗伯茨那样性感的大嘴巴……

但美也好，丑也罢，它只不过是一种相对论，真正决定我们生活得好坏的是我们对待自己的那份态度。当你对自己表现出否定和抗拒时，自信和热情就被有意无意地压制了，你只会暴躁地烦恼或压抑地消沉。而当我们学会欣赏自己，即使没有姣好的外表，我们也能够在任何一个角落吸引和打动别人。

我的邻居萨米尔太太是个怕羞的人，因为她认为自己长得很“丑”，臃肿的身躯，加之一张圆圆的脸，让她看上去显得笨极了。因为这个原因，萨米尔太太很少和周围人说话，很少与同龄人一起相处，也很少参加聚会，她常常觉得自己不受人欢迎。后来，萨米尔太太嫁给了一个比自己年长几岁的男人，但她依然很自卑，担心婆家不喜欢这样“丑”的自己，不愿意与婆家人相处。渐渐地，萨米尔太太认定自己是一个失败者，她感到无比沮丧和难过，甚至想到了自杀……

但萨米尔太太没有自杀，她反倒真的像变了一个人，这一切源于她与婆婆一次偶然间的谈话。婆婆谈到自己受人欢迎的经历时，对萨米尔太太说道：

“我欣赏自己，我觉得自己很漂亮。即使有人说我不漂亮，这也不妨碍我的美丽，更不妨碍我的珍贵。”这句话就像一道阳光，照亮了萨米尔太太的心。她终于知道，自己不快乐是由于一直不懂得欣赏自己导致的。于是，她开始观察自己的特征，寻找自己的美丽，结果她发现自己很细心、很有耐心，很善良。渐渐地，萨米尔太太转变了，她变得快乐多了，越来越多的人开始喜欢她，这是她做梦也没有想到的。

多么令人庆幸的改变呀！看完这个故事，想必你也会为萨米尔太太感到开心吧！当然，最令我们欣赏的还是她的那位告诉她要懂得欣赏自己、善待自己的智慧的婆婆。据我的母亲讲，我的外婆，也就是她的母亲也是一个智慧通达的女子。客观地讲，外婆年轻时算不上标准意义上的美女，但是她却从不嫌弃自己，从不挑自己的毛病，而是始终怀着一颗积极的心来看待自己。或许正是这样的心态，让外婆直到离开这个世界的时候，还是那么的优雅迷人，温和恬淡。

在一次针对年轻女性的培训课上，讲到女人要欣赏自己这个问题的时候，我跟学员们这样说：这世间虽有千般好，但唯你最珍贵，因为我们每个人身上都有属于自己的亮点，例如，你不擅长演讲，但你很善于倾听，后者同样是一种让人喜欢的优点；你没有美丽的容颜，可是有动人的声音，声音同样可以让你受到瞩目；你没有魔鬼的身材，优雅的举止也能让你看起来更具女人味；你不会唱歌，可是做饭很拿手，后者也可以成为你自信的理由，赢得别人的欣赏……

我清楚地记得，当时有个女孩听完这段话之后便流下了泪水。我问她为什么会落泪，她回答说，原来过去的这些年，自己那么对不起自己，总是嫌弃自己这，嫌弃自己那，总跟自己过不去，其实自己完全没有那么糟糕。到最后，这个女孩还不禁感慨：如果早一点认识到这一点该多好啊！

其实，任何时候认识到都不算晚，不过幸运的话，早一些懂得当然会更好。

她的出身很平凡，却一直渴望成为明星。可惜，在外人看来，她并不具备成为明星的条件，她长了一张不美的大嘴，还有一口龅牙，看起来难看极了。第一次在夜总会登台演出的时候，她刻意地用自己的上唇掩饰牙齿，希望别人不会注意到她的龅牙而专心听她唱歌。结果，台下的观众看她滑稽的样子，不禁大笑。

下台后，一位观众对她说："我很欣赏你的歌唱才华，也知道你刚刚在台上想要掩饰什么，你怕别人嘲笑你的龅牙对吗？"女孩听后，一脸尴尬。接着，他又说："龅牙怎么了？你没有发现因为它让你与众不同吗？别再为此自卑了，尽情地展现你的才华吧。也许，你的牙齿还能够给你带来好运呢！"

听了这位观众的忠告，女孩此后不再自卑于自己的龅牙，她每天都带着最灿烂的微笑，唱歌的时候她总是尽情地张开嘴巴，把所有的注意力都置于歌声中。最后，她的名字——凯茜·桃莉享誉了电影和广播界，甚至很多人都迷上了她那看起来非常亲切的龅牙，她也成了千万男人的梦中情人。

凯茜·桃莉之所以能够广受欢迎是龅牙带来的好运吗？谁都知道这是玩笑话。但我们必须承认，当她不再自卑于龅牙的存在，学着欣赏自己的美丽，尽情地投入到演唱中时，更多的人被她所感染了。或许单从容貌来看，凯茜·桃莉确实不够美，但是她用自己的努力换来了他人的欢迎和尊重。

我接触的一些女性朋友经常反映，欣赏自己比欣赏别人困难很多。的确是这样的，对自己的欣赏，远比对于他人的欣赏需要更多的胆识和勇气，需要具备更加锐利的眼光和更大的耐心与毅力。这需要我们不去把自己当作一只破罐子、烂桌布，随心所欲地抛弃，而是把自己当作上帝一样供奉在高高的神殿之上。

也许你的眼睛不是双眼皮，但你的身材很棒；你的牙齿不够好看，但你的皮肤很白嫩。就算你整个人都不好看，就算你真的很丑，可是你有智慧，有思想，有温柔的性格，这都是你宝贵的财富呀！说到底，欣赏自己实际上就是对自己的尊重与认可，这也是成就自己，体现自身价值的前提条件。

一个女人只有懂得欣赏自己，才能够坦然地面对周遭的一切，才能赢取旁人的尊重和爱，为自己打造出一个幸福而辉煌的人生。姐妹们，加油吧！

请相信你的一切，都刚刚好

在美丽的瑞士洛桑，曾举办过一次以“最完美的女性”为主题的研讨会。与会者通过逐一的鉴别、集体的讨论之后公布的结果是：最完美的女性应该有意大利人金色的头发，有埃及人深邃靓丽的双眸，有希腊人挺拔秀丽的鼻子，有泰国人细嫩柔软的颈项，有澳大利亚人丰满挺拔的胸脯……所有这些还是不够的，完美女性还应有德国女人的认真和理智，美国女人的热情奔放，法国女人的时尚优雅，英国女人的情趣和浪漫，中国女人的知书达理，以及韩国女人醉心的温柔……

看到这里，你是不是已经目瞪口呆了？我不只是目瞪口呆，简直要笑晕在地了。想想看，有谁遇到过这样的一个女人吗？即便是上帝重新造人，恐怕也难以将这些优点集于一个女人的身上吧！与会者也不得不承认了这一点，据说最后他们达成的结论是：真正完美的女人是根本不存在的。

不过，在生活中，我还是发现有不少女性自卑于自己不够完美，容不得半点瑕疵，或暴躁地烦恼，或压抑地消沉，生活变得痛苦不堪。其实，这些人往往忽视了一个最基本的现实，就是世界上任何事情、任何人都不可能完美的！苛求完美，不仅是违背自然，也往往使我们离完美更远。

大学的时候，我参加过一场大型的社团招新演讲，每一个新社员都会进行自我介绍，我记得其中一个姑娘，瘦瘦高高的，长得很清秀，介绍自己时大大方方，显得成熟老练。一面之缘的完美表现，是我们坐在下面的观众有目共睹的，当她讲完的时候，下面的掌声马上就盖住整个会场。

这时，学姐偷偷告诉我，其实这个姑娘什么都好，唯一不足的就是过于追求完美。

“追求完美没有错啊。”我不饶地说。

学姐接着说：“你没有跟她接触不大懂，比如我交给她做过一个演讲PPT，还有一次社团活动主持稿，因为太追求完美，她总是不满意，非要来来回回调整，反反复复修改，最后都交给我了，还纠结于某个词用得不够好。你都不知道她每一次自责的样子，几度欲崩溃，我们怎么劝都没有用，其实她做得已经很好了。”

后来，我听说那位姑娘退出社团了，因为她无法容忍自己每一次做出来的事情不够完美，很多根本无关紧要的小瑕疵——活动中不经意说错的一句话，一丁点事情没做好，别人一个批评或反对的意见，都能让她肝肠寸断，她一度陷入了抑郁的状态，觉得一切都没意思起来，根本没办法在社团继续待下去。

可见，追求完美实在是可怜、可悲。追求完美的女性也同样是可怜、可悲的。为了成为十全十美的人，她们不断为自己设定标准、施加压力，快乐当然会越来越少，忧郁也就越来越重，永远也无法体会知足的喜悦，更不用说身心有多累、多疲惫了。对于这样的女人，我是一定要敬而远之的，你呢?

我曾在一本杂志上看过这样一则小故事，很有启迪性：一个贫穷的渔夫从大海里捞到了一颗非常漂亮的珍珠，他高兴极了。但令渔夫感到遗憾的是，珍珠上面有一个小黑点。渔夫心想，如果能把这个小黑点去掉的话，这颗珍珠就完美了，就将成为无价之宝。于是，他把珍珠去掉了一层，但是黑点仍在。再剥去一层，黑点依然在。最后，黑点终于没有了，但珍珠也不复存在了。

世界上没有完美的事，也没有完美的人。

所以，我们实在没有必要过于严苛地对待自己，应该适当允许一些不足的存在，学会从内心接纳“不完美”的自己。相信自己的一切，都刚刚好，欣然接受自己现实中的状况，这种感受是发自内心的喜悦的，踏实的，甚至会有一份自豪。我常说的一句话是，每个人都有优点和缺点，将优点发扬光大，其余的就不必理会。

韩玲是我上大学时的一位关系不错的同学。她长得很漂亮，性格也很好，唯一不足的是个子很矮，大概不到155厘米。为此，韩玲经常觉得自卑，她还从各处搜集让身体增高的方子，甚至考虑过进行“断骨增高”。后来，因为害怕承担不可预知的风险而不了了之了。不过，个头矮始终是韩玲的一块心病。后来的一件事，让韩玲有了一定的转变。是一件什么事呢？有一次，我们俩一起在学校新建的一座图书馆看书。我拿了一本励志类的故事集看了起来。当我看到一个故事的时候，觉得可以用这个故事来帮助一下韩玲。于是，我就示意韩玲读一下这个故事，故事的内容是这样的：

一个双目失明的女人，从小为自己的这一缺陷而自卑不堪。夜深人静的时候，她常常思忖，是不是自己前世做了什么对不起别人的恶事，今生来遭受惩罚来了？带着这样的疑惑，她认为自己这辈子将一事无成，开始浑浑噩噩地生活。可是她的这一思想并没有一直持续，一次偶然的机会竟然得到了彻底的改变。原来，这位盲人遇到了一位智者。智者对她说了这样一番话：“上帝决不肯把所有的好处都给一个人，给了你美貌，就不肯给你智慧；给了你金钱，就不肯给你健康；给了你天才，就一定要搭配点苦难……世上每一个人都是被上帝咬过一口的苹果，我们都是有缺陷的人，有的人缺陷比较大，是因为上帝特别喜欢她的芬芳，多咬了一些。”听了智者的话，这个盲人姑娘若有所悟，原来每一个人都有不足，不光自己有缺陷啊。而且，自己之所以双目失明，原来是因为上帝更爱自己啊。从此，她不再自卑于失明，而是将这看作上帝对自己的特别厚爱。她开始振作了起来，然后跟着镇上的一位盲人师傅学习按摩。后来经过一番辛苦的努力，她成了远近闻名的优秀按摩师，为许多人解除了病痛的折磨，受到了诸多人的尊重和喜爱。

通过这个故事，韩玲真的做到了一些改变，她不仅不再自卑于自己的身高，而且有时候还会跟我们笑侃自己从小学起就一直没有再长过，给国家省下不少粮食钱财。毕业后，她自信地奔波于人才市场，最终找到了一份非常不错的工作，还顺利地找到了一位如意郎君。直到现在，我们偶尔联系时回忆起当时的情景，还不无玩笑地说一下“被上帝咬过的苹果”这个短句，它仿佛成了我们心照不宣的暗号了。

嫁值可以通过个人的努力不断提升，但幸福往往在于我们能否发自内心地接受一个完整的自己，能不能带着愉悦的心情接受自己所有的优点和缺点，所有的好与不好，以及所有满意与不满意的地方。

话说回来，其实“完美”是抽象的，相对的，不完美本身就是一种美。

法国卢浮宫镇馆之宝有三件，都是女人。

永恒的《蒙娜丽莎》，她唇边似有若无的微笑扣动着无数人的心弦，可惜，你完全不知道她在笑什么，你休想与她沟通；

美丽的断臂维纳斯，裸露的美姿赢得无数人的赞叹，可惜，断裂的双臂不复存在，谁也不知道她究竟在做什么；

带翼的胜利女神，飘摇的姿态和美妙的衣褶让无数人幻想她的音容，可惜，她没有头，你根本不知道她在风中飞舞时的表情。

最美丽的女人们，全都不完美，完美只是一种假设，从来都不存在。就算有一天让她们完美了，或许也没有那么多的人驻足欣赏，也没有那穿越时空的遐想……

请相信你的一切，都刚刚好。带着这份接纳与爱，你会得到最真实的快乐，最踏实的幸福，而你呈现给别人的必然是一个更优秀的你、高嫁值的你。

你可以语调温柔，但必须态度鲜明

八年前，我在一家杂志社实习，当时带我的前辈是J小姐。J小姐看起来是一个很随和的女人，说话很温柔，总是微笑，对人也是很友好的。但很快，我发现了她的另一面。

J小姐总是不怕总编辑催稿，也不怕得罪下属，凡是她主管的稿件，她都要求质量一定要上乘，所以上交给她的稿件，一般都会被要求修改很多次。一次一个同事提交的稿件，前前后后修改了五六次，J小姐还是提出了很多意见，并要求该同事继续修改。这位同事受不了，当着J小姐的面说她是“拿着鸡毛当令箭”。J小姐没有生气，而是态度强硬地说，稿子必须重新修改。正因为如此，J小姐负责的稿件一直是杂志社里最好的，所以我打心眼里是佩服她的。

后来，听同事们私底下八卦，J小姐看起来是很好相处的人，实际上不是好搞定的主儿。据说，和J小姐相过亲的男人能坐满三四桌，其中不乏有钱的、有权的、长得帅的……可J小姐就是一句话：“没眼缘！”当时的我尚不成熟，好奇地问J小姐：“真的没有合适的吗？为什么不找一个人试一试呢？”她严肃地对我说：“无论是事业，还是爱情，千万不要轻易妥协，妥协只是看起来省力了。但只要你退了一步，哪怕是小小的一步，你就很难再有心气儿往前迈进了。”

我心头猛地一惊，真是这样啊！很多时候我们妥协得越多，就失去得越多。

我们经常抱怨生活各种不顺心，婚姻生活平淡得像一杯白开水，工作枯燥乏味，毫无乐趣。可是亲爱的，曾经你也对婚姻、爱情充满了憧憬，对事业有自己的规划和追求，为什么最后会生活成这样呢？你努力过吗？你坚持过吗？你有没有勇气在真爱到来之前抵住所有的压力，只为找一个自己喜欢又满意的伴侣呢？你有没有勇气抵住所有的质疑与诱惑，只为坚持自己的原则呢？

在周围人的催促和自我暗示下，你与一个不怎么爱，却被称为“最适合”自己的人早早捆绑在一起，勉勉强强过不痛快不说，如果心里再有念念不忘的人，那“将就”得再怎么好，也填补不了心中的空缺。

你看中了一件漂亮的连衣裙，因为价格太贵了舍不得买，你就买了另一件便宜的，可心里有了最美的那件连衣裙，其他的就变成了“次”的，“次”的再怎么便宜，也弥补不了内心的遗憾，苦闷不已，不是吗？

每一次妥协的背后，都有一个真实的目的：或是害怕失去，或是息事宁人，或是不愿付出努力……我们一直以为妥协一些，将就一些，这个世界就会为我们让出一席之地，但最后却发现，除了失去更多、抱怨更多，什么都没得到。更严重的后果是，我们想要的东西，也会跟着一样样地失去。

所以，我经常提醒自己，倘若做不了一个有姿色的女子，或者一个聪明伶俐的女子，至少要做一个有态度的女子吧！有态度，就是有自己的主张，我们可以语调温柔，但必须态度鲜明，坚持自己的坚持，尤其不向生活妥协。

多年前，我曾在一本书中读到过一个故事，感到非常震撼，以至于到现在还记忆犹新。现在，我就和你分享一下这个故事吧！

一位年轻的英国设计师，或许是承蒙幸运女神的眷顾，有幸参与了某城市政府大厅的设计。这样的机会对于任何一名设计师来讲都是十分值得珍惜的，尤其对他这样一个年轻的设计师来说就更是如此。为了设计这座政府大厅，该设计师倾尽心力，做出了多种方案。其中一个方案是只需要一根柱子便可支撑起大厅的天花板，他认为这个方案是最完美的。经过一年多的时间，大厅建设完毕，看起来无可挑剔，完美至极。

然而，令所有人意想不到的是，就在相关专家对大厅进行验收的时候，对这根柱子提出了异议。他们认为这种做法太过冒险了，于是提出再多加几根柱子。年轻设计师对此意见持反对态度，他相信自己的设计是万无一失的，这一根柱子足以保证大厅的稳固。他将相关数据和实例详细地列举了出来，并一一分析给验收的专家们看。可是，专家们从未见过这样的设计，凭借他们自身的经验，都认为这样不合理。为此，他们还试图因为设计师的顽固而将他送上法庭。

迫于无奈，那位年轻设计师最终同意在大厅的四周再添加 4 根柱子。

之后，这座市政府大厅矗立了三百多年，市政府的工作人员换了一茬又一茬。这一年，市政府准备将大厅的天顶修缮一下。就在工人对大厅的天顶进行检查的时候，发现了一个令所有人无比惊讶的事。原来，当初添加的那 4 根柱子全部都没有接触天花板，而是与天花板间相隔了无法察觉的两毫米。

看到这里，你是不是也倍感错愕？当时我曾暗暗感叹：这真是个了不起的设计师！

这位年轻设计师的名字叫克里斯托·莱伊恩，事后人们在他的日记里发现了这样一段话："对于自己的设计，我非常有自信，我相信设计的合理性和科学性。至少 100 年后，当面对这根柱子时，你们会哑口无言的。我要说明的是，那时候在你们面前的，不是什么奇迹，而是我对自己的一点坚持。"

你是不是已经很妥协了，可还是不能让他人满意；你是不是已经很友善了，仍有听到不利于你的传言；你是不是已经很努力了，但离理想的生活仍差好远……你委屈、困顿、彷徨，你活得越来越不像自己？不必羡慕那些比你精彩自由的女人，她们并不比你优秀，只是她们不肯轻易妥协罢了。

一辈子不向生活妥协的女人，注定比常人的嫁值更高，成就非比寻常的人生体验。

我的奶奶是有钱人家的千金，自幼生活上锦衣玉食，那时说女子无才便是德，待嫁的小姐们每天在家做一些针线活儿、看看书、养养花。但奶奶对这些毫无兴趣，她偏偏想和男子们一样去上学，接受系统的教育。虽然她的父母，也就是我的太爷爷和太奶奶都不同意，但奶奶始终坚持，最终家里还是帮她请了一个教书先生。乡亲们纷纷议论，女孩子家家的非要读什么书，但奶奶却充耳不闻。由于奶奶能识文断字，她被一位爱写诗的青年热情追求，两个人经常坐在树下写诗，最后喜结良缘。

婚后，奶奶没有像其他媳妇一样在家忙于烦琐的家务，而是去一个学校当上了老师，教语文。怀孕了，她依旧工作，快生的时候，才回了家。坐完月子，她就迫不及待去上了班，把襁褓中的孩子丢给了自己的婆婆。身边的不少亲戚朋友说，这哪里像一个当妻子、当妈妈该有的模样，但奶奶却满不在乎，她态度坚决地说自己有自己的追求，在别人不屑的眼光里，她继续坚持做教书工作。

再后来奶奶辞掉了学校的工作，她用自己的积蓄，开了一个很雅致的书店，那也是她一直都想做的事。由于多年的教书工作，她挑选的图书总能热销，书店打理得也一直很好，她在镇上是一个传奇人物，大家总是戴着有色的眼镜去看她，羡慕她的自由自在，又觉得她的做法有悖于常人，但奶奶却经常笑眯眯地对我们说："我这一辈子过的是自己想要的人生，如果我是一个向生活妥协的人，我哪会读书，哪能嫁给先生，哪能当老师，哪可能开书店，又哪能活得如此自在呢？"

很多时候，人最难面对的不是别人，而是自己。

妥协或不妥协，这是一个难题。但如果你想随心所欲，做自己想做的事，那么必须态度鲜明，认准了的事不要轻易更改，并敢于承担不妥协的代价，坚信假以时日，一定会给你带来丰厚的报偿，比如更多的自由，内心的平安和喜乐，梦寐以求的爱人以及事业、生活等。

活给自己看，这是最舒服的事情

贝娅是一位刚考入清华大学的女生，这天她满脸愁苦地向我求教：“老师您好，我最近很纠结。有人称赞我是天才，能凭借自己的努力考入清华，将来肯定有一番作为；也有人骂我是笨蛋，说我只不过是一个书呆子罢了，一辈子也不会有多大的出息。那您说我到底是天才呢，还是笨蛋呢？”

我没有正面回答贝娅的问题，而是反问道：“你是如何看待自己的？”

“我……”贝娅一脸茫然，不知如何回答。

“生活是自己的，你相信你是天才，你就是天才；你相信你是笨蛋，你就是笨蛋，”我耐心地解释道，“无论有人抬高你，还是有人贬低你，你就是你，你究竟是怎样的你，在于你怎么看待自己。一个人如果想主宰自己的人生，就要充分发挥自我主张，坚定地相信自己，不轻易被他人的看法所左右。”

女人是敏感的，敏感的内心常会令我们对于别人的一举一动、一言一行都要掂量掂量，同时还容易衍生出一个特性，那就是自己做什么、怎么做都要考虑一下别人会怎么看，非常在意别人对自己的看法。对此，我并不完全持否定态度。因为有些时候，我们确实需要懂得察言观色，体谅他人，尤其是涉世尚不是太深的年轻女性就更需要如此，这样更容易赢得他人的赞同和认可。

但是，我们还要明白一个道理，那就是事关自己而与他人无关的事情，我们是没有必要在意他人看法的。如果太在意别人对于自己的看法，万事总是想着别人怎么看，对别人的意见就会诚惶诚恐，唯恐顾此失彼，这样就比较难认清自己的本意，导致自己生活在别人的思想里，失去个性，迷失自我。

更何况，每个人都会有自己不同的看法，即使你再怎么努力，也不可能让每个人都满意。当你话多的时候，别人说你不懂得矜持；当你话少的时候，别人又批评你太过于孤傲……按照别人的看法做人，你就不能做真正的自己了，又怎么能表现出真实的自我呢？这样的女人，嫁值高不到哪里。

对于著名的麦克·阿瑟将军很多人都有耳闻，关于他的故事也在坊间广为流传。

据说麦克·阿瑟刚当上军官时，心里很高兴。每当行军的时候，他总是走在队伍的最后面，他觉得这样自己可以更好地监督士兵们。

有一次在行军途中，阿瑟将军听到旁边传来取笑他的话：“阿瑟哪里像个军官呀，倒是像一个放牧的。一个像羊倌一样的军官指挥着一群绵羊，这样的部队能打胜仗才怪。”听了这话，阿瑟觉得虽然人家的话不那么好听，但不是没有道理，于是走到了队伍的中间。

可是这一次还是有人议论：“快来看看，阿瑟真是个胆小鬼，不配做军官。这种只会躲到队伍里面的军官，怎么能让士兵信服呢？”

听别人这么一说，阿瑟又改变了做法，走到了队伍的最前面。然而这样依然有人议论：“你们瞧，阿瑟还没带兵打过一次胜仗，就这么高傲地走到队伍最前头，真是不知道害臊！”

听到这里，阿瑟心里琢磨：看来自己不管怎么做都不能让所有人满意了，如果再这样下去什么事都得听别人的，影响自己的心情不说，恐怕到最后我自己连走路都不会了。走我自己的路，让别人说去吧！从此，阿瑟不再顾及他人的说法，而是自己想怎么走就怎么走，结果他的领军作战能力丝毫不受影响，屡屡大获全胜。

通过这个事例我们可以看出，麦克·阿瑟将军最终学会了坚持自我，而不去管别人的批评和指责，只遵照自己内心的规则坚定前行。

有很多女性朋友也常常因为他人的眼光而游移不定，经常陷于别人给自己的评论之中，会因为别人的一句话、一个眼神等影响到自己，但凡她们因此来到我身边，向我寻求帮助的，我都很感激她们对我的信任，也都会对她们说类似这样一番话：生活是自己的，活给自己看，这才是最舒服的事情。

女性朋友们需要记住，我们自己的腿脚，完全可以走出自己的路。每个人都有专属于自己的人生路,周围的人只能给你意见。你只需有好的辨别能力，做出最利于自己的选择即可。即使目标已定，但走一条什么样的路，走多远的路，走路时的姿态以及走路时的心情，则全然由我们自己来控制。

这让我想起在读高中的时候，高二即将面临文理科分班，我的做了几十年教师工作的伯父很“权威”地指导我一定要报考理科，原因是理科的高等院校多，相比文科来讲升学要容易；理工类男女比例失调，女孩子学习理科，将来就业面更宽，好找工作……可能还有其他一些原因，我记得最清楚的只有这两点。

可是，我很清楚自己的状况，对于文科，我是由衷地喜欢，而对于理科，我只能硬着头皮去学。伯父的话对于年纪尚小的我来说，并不是一点影响力都没有，我为此也动摇过。但当真的到了填写相关表格的时候，我还是在“文科”那里打了个对号。事后，伯父知道了我的选择，自然免不了教训我一番。

对于我的选择，我的母亲却表示支持。她的态度是，你的路只能你自己走，做什么样的选择也是你自己的事，只要你能认真、坚定地在自己选择的路上走下去，就是好的。

至今想来，我还为有这样一位深明大义的好母亲而感动和骄傲。当然，后来的事实也证明，选择了文科的我凭着自己的勤奋和努力，照样在工作和生活中都做得不错，并没有伯父当初担心的那么不堪。更重要的是，因为坚持了自己的选择，坚持了走自己的路，我靠文笔赢得了爱情，也能靠稿费养活自己。

时至今日，如果有人告诉我，谁谁说你什么了，我一笑，随便。我所做的一切，都是自己想要的，我不会按照任何人的想法去生活。

我希望，所有的女性朋友们平时要多问问自己：“我是怎么想的”“我这样是发自内心吗”，多关注自己内心的想法，而不是去管别人是否肯定，是否认可。只要你相信自己的选择，那么就义无反顾地做吧，当你充分发挥自身潜力和优势时，也就创造了更高嫁值，世界也会犒赏你的与众不同。

做别人眼里唯一的风景

“你穿的这件衣服、化的这个妆、拎的这个包、买的这款手机套和 ×× 一样！”

不知有多少女性对这样的话深恶痛绝。想要迅速激起一位女士对你的反感，只需这样一句话就够了。对于大多数女人来说，她们的每一件衣服、每一个妆容、每一件配件都是精心选择的结果，你说这样一句话，她们会比撞衫的明星还要尴尬。因为，明星撞衫毕竟是在同一时间、同一场合，不存在谁先谁后，而女人被人说“和 ×× 一样”，就一定意味着在 ×× 之后，有模仿跟风之嫌，女人最讨厌这种嫌疑。

女人为什么那么讨厌被比较？一是因为天生的强烈的带点小虚荣的自我意识，每个女人都希望自己是独特的，即使那些并不出众的女人也不例外；二是因为一个传了几千年的成语：“东施效颦”。

我们对东施效颦的故事并不陌生，尽管现代女性强调个性，但一看到某个女人嫁值高，很受欢迎，不少女人总是不自觉地犯“东施效颦”式的错误，希望自己长得像对方，吃得像对方，穿得像对方，住得像对方，甚至连言谈举止、说话腔调都要模仿对方，恨不得跟对方一模一样才甘心，似乎和那样的女人一样了自己就高嫁值了，而无视自己到底适合与否，最终的效果可想而知。

举一个最近的例子，《甄嬛传》热播期间，女主人公的一双电眼成为荧幕焦点，于是不少女人跑到整形医院，想要一双和女主人公一模一样的眼睛，她们根本不考虑那种眼睛究竟适不适合自己，也不在乎开眼角手术可能给自身带来的种种风险。我认识一位小姑娘，天生一张娃娃脸，细长的丹凤眼，肉肉的脸颊，嘟嘟的小嘴，是个十足的清纯可爱型小女生，很是讨喜。但她却希望变成双眼皮，还向往成熟性感的女人，认为那样的女人更受欢迎。后来，这位姑娘偷偷去韩国做了一个整形手术。

再见她的时候，我几乎要认不出她来了，高厚的双眼皮、笔挺的鼻梁、尖小的鼻头、V形锥子脸，看起来眼睛的确是大了不少，气质上也更成熟了，但终究没了清纯可人的气质，个人特色全无。不只我，身边不少人为之感到惋惜。原本有一个男孩子一直在暗恋她，想找机会向她表白，结果后来不了了之了。

事实很明显，也很残酷：一旦你跟风，你就落在下风，嫁值也会变低。

女人最怕失去的是什么？

是金钱、名利吗？是青春、美貌吗？

答案统统是否定的。女人最怕失去的是属于自我的个性。

关于这个问题，我曾在一次对女性朋友的培训课上专门讲过，我也不止一次说过，女人要美出自己的个性。

自我，是女性价值的核心，可可·香奈儿曾说：“你可以穿不起香奈儿，你也可以没有多少衣服供选择，但永远别忘记一件最重要的衣服，这件衣服叫‘自我’。”

在文学作品中，我们常常看到文人墨客将女人比喻成各种各样的鲜花，比如，容貌娇媚的女人被说成似牡丹般雍容华贵；清新淡雅的女人被说成像春风中摇曳的海棠；心怀傲骨者则被称作寒冬里盛开的梅花……每一种鲜花、每一种女人都以自己独特的姿态展现在人们面前，能说谁更美吗？

花有千姿百态，人有不同风采。从“你”这个字的最终意义来看，你是独创一格的，你有专属于自己的风格。无论发生什么，你的价值并不来源于你的出身还有你的作为，仅仅来源于你自身，你是珍贵而特殊的存在。所以，我们所需要做的，不是与百花争艳，而是保持自我本色，守住自己的沉香。

有许多名人都曾经学过这一课，而且多数人都为此付出了一些代价。

玛丽·玛格丽第一次上电台主持节目的时候，她尝试着模仿一位爱尔兰笑星。当时她的想法是，这位爱尔兰笑星很受欢迎，有很好的听众基础，如果自己能集中他的优点于我一身，这便是通往成功的捷径。当时她还窃喜自己想出这么绝妙的主意，但却惨遭失败，因为她的滑稽显得很刻板。后来，玛丽·玛格丽决定表现出真正的自我——一位来自密苏里州乡下的纯真朴实的姑娘。她的性格直率单纯，语言生动活泼，不少听众一下子就喜欢上了她，最终她成为纽约市最受欢迎的广播主持。

当你有模仿别人的想法时，不妨想想卡耐基告诫女人的幸福道理：“发现你自己，你就是你，独一无二。记住，地球上没有和你一样的人……在这个世界上，你是一种独特的存在。你只能以自己的方式歌唱，只能以自己的方式绘画。你是你的经验、你的环境、你的遗传所造就的你。”

如果你有书香气，就别尝试着去浓妆艳抹；如果你气质妩媚，就别学扮萌扮嫩的少女……我们不该再浪费任何一秒钟，去忧虑与其他人的不同，去试图模仿别人的风格，而应该尽量利用大自然所赋予自己的一切，把自己最真实的一面展现给别人。不要辜负这种幸运，要让自己美得独一无二。

保持自我本色，做真实的自己，才能成为别人眼里唯一的风景。相信，你也定会获得众人的肯定和欣赏，成为非常有嫁值的女人。

不必去做一个人人都喜欢的姑娘

一段时间，我一直想撮合表弟和雯雯在一起，在我眼里，两个人从小一起长大，毕业后又在同一家单位上班，简直是青梅竹马。更何况，雯雯还是一个温柔、热情又善良的女孩，我很不含蓄地表示出了对她的喜欢，对表弟说："你有没有觉得这样的姑娘非常讨人喜欢啊？若我是男人，我一定要娶她。"但表弟却摇摇头，说雯雯活着特别累，人缘也不好。如此善解人意的姑娘，怎么会人缘不好呢？

那天我去表弟单位办事情，雯雯又是给我倒茶又是给我拿零食，还很体贴地找话题跟我聊天。我在心里感叹，真是个让人如沐春风的可人啊！这时一位同事接了一个电话，匆匆拿起包："雯雯，我有事要出去一下，这个你帮我交到财务部去吧！"雯雯立刻热情地接过，表示一定会做好，对方冲她笑了笑，道了声谢。雯雯放下手里的工作，赶紧拿着文件去了财务部；一会儿另一个同事又让雯雯在网上帮自己选购一本管理类图书，雯雯原本手头还有一项重要工作，但她犹豫了一下，还是答应了同事。当雯雯精挑细选买了一本管理书后，谁知那位同事一听书名，脸色立刻沉了下来："你怎么选了这么一本书？这本书实用性不太强，早知道不找你了，真是帮倒忙。"雯雯连声道歉，极力向对方解释，对方不满地看了她一眼，嘀嘀咕咕地走了。可怜的姑娘犹如犯了错的孩子，拼命想弥补自己的过错，我注意到一下午她都小心翼翼地观察着四周的动静。

"瞧，她就是这样，"表弟凑过来，低声说道，"她太希望得到每个人的喜欢，生怕得罪了任何人，这样累坏了自己不说，还失去了自我，只能换来别人变本加厉的不尊重罢了。说实话，她是对我挺好的，但是她对每个人都好，那么我对于她来说，和别人又有什么不同？这样的女孩再好，我觉得也没吸引力。”

后来我问雯雯：“为什么你要应下一大堆事儿？”

雯雯回道：“我也没办法呀，别人都开口了，我怎么好意思拒绝人家？”

生活中，像雯雯这样的好好小姐不少，她们心肠好，脸皮薄，耳根子软，架不住别人几句恳求，宁愿自己麻烦，也希望给别人提供便利。你是否也曾是这样的人？然后你发现，好心只会让别人不为你考虑，随时随地找你帮忙做事，你做好了他们敷衍地说声谢谢，你做得不完美他们一脸埋怨，你有事刚好不能做他们对你怀恨在心……委屈吧？但种种情况都是你自己造成的，是你太不懂拒绝。

在这里，我要特别提醒女性朋友，心理学上有一个登门槛效应，又称得寸进尺效应。有时候你不懂得拒绝，一旦接受了他人的一个微不足道的要求，他人就认为你是愿意的，摸透了你的心理后，就有可能支使你继续干下去或者提出更大的要求，这种现象犹如登门槛时要一级台阶一级台阶地登。

试想，你做着自己不愿意做的事，你允许他人不断地利用你，而且是较高、较难的要求，心中的负担和痛苦日积月累，倘若有一天你终于失去了耐心，把积累的怨气一并爆发，那情形和结果将是怎样的？毋庸置疑，你一直害怕被破坏的和谐关系，你一直努力维持的善良形象，都将轰然倒塌。

在人际中如此，在爱情中亦然。你当好好小姐，有时会成为另一半无理要求的借口。因为你好，你就应该为他做任何事；因为你好，你就不能抱怨；因为你好，你就要天天向上，偶尔一次不好，就会让另一半觉得你差劲。就算你做得再辛苦，再费力，他也会觉得这是应该的。你说，你欠他的吗？

与任何人相处时，我们都要在心中放一架天平，一边是自己的生活，一边是他人的生活，要保持平衡，需要保护好自己，也需要对他人付出。对他人，要体贴，要关心，要帮助，但不能以他人为重，空置了自己，那是傻。每一次爱心发作时，都应该想想，你的天平上，应该有什么样的砝码？

这个世界上不是我们愿意委屈自己，奉献自己，就能得到别人的喜欢。即使我们做得再好，再优秀，都有人会不喜欢我们。我想起闺蜜当当经常挂在嘴边的一句话："我又不是人民币，能让每个人都喜欢我，就算我真是人民币，也架不住人家更喜欢美金、欧元，所以，我才不会累自己，也不用人人都喜欢我。"

我刚认识当当的时候，她毒舌又犀利，骄傲又任性，她可以非常干脆地拒绝某个人，毫不留情地回敬别人的恶意。有时我和别人闹别扭，情绪不佳，她就恨不得抽我一耳光，再拎起我的耳朵对我吼："有些人是取悦不了的，有点出息好不好，你就这么缺人爱？"一开始我可真吃不消当当的这种脾气，渐渐熟了后我习惯了她这么激烈的表达方式，然后我居然开始无比喜欢她，因为她活得实在太自我，太生机勃勃。

有一次，我问当当经常拒绝别人，真的一点也不担心得罪人吗？当当很鄙视地看了我一眼："那你觉得我人缘差吗？"我仔细一回忆，惊讶地发现，她的人缘比很多人都好，尤其比那些比她温柔、比她周到的姑娘好，而且我身边不止一两个异性朋友私下和我表示很欣赏当当这样的女人。

活出自我，嫁值才高，赶快学会拒绝吧。

当你学会说"不"时，说一次别人不高兴，说两次别人很生气，说三次四次，你就会发现别人不再像以前那样，他们根本不敢再露出不高兴的神色，而是和颜悦色，和你接触时更多的是尊重你与理解你，你的生活也将变得愉悦轻松。你是不是要感叹世界的神奇？不用感叹，人性就是如此。

在这里，提供给你几种拒绝他人时行之有效的方法，不妨一试。

用肢体语言表达

拒绝，这个词语给人的感觉往往是严厉的。开口拒绝别人不是一件容易的事情，这个时候，你不妨在尊重对方的基础上运用一些暗示拒绝的肢体语言，比如摇头、突然中断笑容、目光游移不定、心不在焉……

说实话，我本人也是不愿意开口拒绝别人的类型，但我绝对不会做什么好好小姐，当别人要求的事让我感到为难时，我会说明拒绝的理由，如果对方再说，我就会以苦笑配以摇头，不论对方如何恳求，我都只是带着歉意，多摇几次头。这是一种礼貌的拒绝，这种表情暗示对方不要再继续下去，否则大家都会不愉快。迄今，我还没遇到过在我再三摇头后，还不停要求的人。

采取拖延的方式

当别人的要求会影响到自己的工作和生活时，你可以暂不给予答复，继续忙自己的事情，让对方自己感觉到你的为难、苦衷，对方要是聪明的话会自行放弃求助。

不过，拖延是不是办法的办法，常用于被人缠得实在没办法，只好说："等我有时间，看能不能帮你。"在用这种方法之前，请确定你确实有能力帮到对方。不排除你会遇到一个死心眼的人，你说没时间他就一直等，如果人家等了几个月，你再说"这件事我无能为力"，你可就太不厚道了！

注意拒绝方式

为什么你不想拒绝别人？是担心惹人不高兴吧。其实拒绝的方法有很多种，你可以选择使用不得罪人的方法。例如，有人让你帮忙做一个产品推广，你可以这样推辞："这事我做起来肯定不如你，我实在不能献丑。"恭维之后再拒绝，即使对方知道你不肯答应，也不会觉得太没面子。

或者你可以尝试诉苦，说你最近多么忙、多么倒霉，不能说得太空泛，要全部举出例子，让对方相信你的确没有时间和精力，然后告诉他："不是我不肯帮忙，实在没有这个精力，倒耽误你的事就不好了。"只要你说得合情合理，使他人能够理解你的拒绝是出于无奈之举，对方自然不会为难。

直接说"不行"

有一种人特别爱占小便宜，又特别能缠人。明明自己能做的事，他们也要"麻烦"别人，特别爱找好脾气的姑娘下手，对这种完全不考虑他人的人，不用客气，你最好态度坚决、斩钉截铁地拒绝他，而不要留下任何的机会。你一定要记住，那是他的事情，而不是你的，你的任务是做好自己的事情，过好自己的生活。直截了当地拒绝几次，他肯定不敢再拿芝麻绿豆的事烦你了。

当你不去做人人都喜欢的姑娘时，一定会有一个人很喜欢很喜欢你。

自信的时候，你真的美多了

因为工作关系，我平时接触的人较多，女人更多，有些女人总让人觉得不太舒服，如果你接触过相同的人，你或多或少有过同样感觉。

她们并不邋遢，衣着打扮都很体面；她们不丑，细看都有自己的味道；她们并非一无是处，都有或多或少的闪光点；她们的性格不差，可以说比一般人要好……这样的女人，怎么看都能打个不错的分数，但她们有个特点，立刻让她们的优点退居次位。她们是什么样的女人呢？我随便写几句她们爱说的话，你一定懂。

“你真漂亮、优秀、有能力，我真比不上你，实在比不上。”

“我下辈子也买不起这么贵的东西。”

“哪里，我还差得远呢，哪里像 ××，做什么事都轻而易举，我这种……实在是……”

是的，她们自卑，你随便说一句话都能让她们自卑得无地自容。

女人一旦自卑，整个人的气质就会显得黯淡，走路喜欢低头；说话喜欢加“可能”“也许”；做事总是不放心，要反复检查；说话先看看别人的脸色，不停地揣摩；对别人的话过于上心，别人夸她一句她以为是客气，贬她一句她能难受三年，说一句与她有关的她能在心里嘀咕半天，最后认为是自己的错。

和这样的女人相处时，我总会浑身不自在，因为根本不知道该说什么。随便说一句话，她们觉得我在炫耀；小心翼翼地说话，她们觉得我看不起她们；严厉地说话，她们还会觉得我故意打压她们；真心夸奖她们，又觉得我假惺惺，然后还会再说几句“我哪里比得了你”，让我顿时尴尬得不知如何是好，只能笑着转个话题，或者尽快结束谈话。

好不容易关系好点，能够多说几句，仍然没有交流的气氛。因为多数时候，她们说话不是想表达自己的思想，而是想说出别人最想听的话，她们会小心地琢磨你的意思，就怕说错一句惹你不快。这感觉像什么？打网球一拍挥出，原以为对方会意气风发地截回来，却没想到对方只是任由那球落在地上，再礼貌地捡回来交到你手上说："你继续打。"唉，我哪儿还打得下去，谁还能打得下去？

更让人受不了的是，当我深入地了解那些自卑的女性时，发现她们根本不是自以为的那样一无是处，她们大多有自己的内秀，有自己的特长，有自己让人羡慕的地方。

在别人眼中，她们是这样的：

踏实努力又细心，是值得信任的女性；

朴素、害羞，不太爱跟人说话；

脾气好，能够体谅宽容别人，容易相处；

有些敏感，但不会表现出来给他人添麻烦；

有时会消极、低落、闷闷不乐……

在她们眼中，自己是这样的：

没有能力、没有背景、没有外貌、没有人缘……简言之，N无产品；

别人经常针对自己，看自己不顺眼；

人生无光，前途渺茫，完全不明白自己为什么会出生；

不开心，不快乐，不爽……

嫁值高的女人如何定义自己？她们不把自己放在高高在上的位置，也不会放低，她们的心态是"平"的，不把自己看得有多了不起，所以能发现别人的优点；不认为自己一无是处，所以也不会产生自卑。这样的女人亲切、自然，对生活充满信心，对感情充满信心，对自己充满信心，永远不会自怨自艾，也不会失去努力向好发展的动力。和她们接触，不用担心哪句话伤了一颗玻璃心。

是谁说的呢——女人二十岁是桃花，鲜艳；三十岁是玫瑰，迷人；四十岁是牡丹，大气；五十岁是兰花，淡定；六十岁是棉花，温暖；而自信的女人，一生如花。难怪著名作家毕淑敏女士曾说："没有一种力量能比自信更能使女人显得美丽，我不美丽，但我拥有自信，这就足够了。"

在你的心目中，有没有这样的女人：她年轻的时候只是比一般人稍微漂亮些，可时光证明了她是一块璞玉，时光越雕琢，越晶莹剔透。换句话说，她用自信打破了美丽只属于年轻人的神话，以自信赢得了众人的欣赏，赢得了爱情、事业、成功等。在这一点上，我总是喜欢拿著名影星张曼玉来做例子。

张曼玉，无人不知的女明星，香港获奖最多的影后，越是成熟越是美丽。在《阮玲玉》里，她的身姿与30年代的衣香鬓影重叠，从此便是复古风中的翘楚；在《滚滚红尘》中，她一派轻狂娇痴，又开了快乐新美人的先河。长达二十年的电影表演，正是她的成长日记，年轻时的青涩、稚气，现在的自信、成熟，既保有东方女子的含蓄，又透射出西方式的激情，创造了40岁女人不老的传说。2014年，50岁的张曼玉以歌手的身份重现江湖，虽然一开口沙音让人头皮发麻，但她依然站在舞台中央呐喊，唱自己想唱的，那么自信。这一刻，没有一个人不爱她，就爱她这股子自信的劲儿。

对于自己的美丽，张曼玉认为："我觉得女人有自信的时候是最美的，我也是很晚才找到的。找到之后你就会觉得，有什么好怕的呢？怕也一样要面对，不怕也要面对，而怕的时候你的样子会很紧张，一点都不美丽。"因为这种自信，张曼玉总是能一网打尽各式男人，才华横溢的导演、帅气潇洒的设计师等，从来都不担心没人爱。

想做个嫁值高的女人，先想想你会喜欢什么样的女人，希望她自信从容，还是连大气都不敢喘？想明白了，就赶快收起那些没必要的自我贬低，拿出你的骨气，觉得自己不够好，就努力去变好。女人的形象掌握在自己的手里，未来更是如此。有些女人不自信惯了，没关系，我们可以一步一步地慢慢来。

下面的步骤能够让你体会一下自信的感觉：

学着大声说话

你是不是觉得自己特别不起眼？你想不想在人群中找到自己的位置？你以为这个位置需要的是优秀的能力或成就吗？不对，你首先要发出自己的声音，让别人注意到你。说话的时候不必紧张，目光正视别人的眼光，尽量大声一点，吐字要清晰，音调要平稳，听起来铿锵有力，相信这是一个良好的开端。

保持身体自信

身体上的自信会直接影响到心理。当你昂首挺胸的时候，别人看你的眼神也不会是轻视的。无论是坐是站，或者走路，挺胸，收腹，提腰，这样不仅看起来姿态挺拔，而且使你整个人有精神、有气质。这种积极的形态很能引起他人的注意，得到他人的尊重，你也会因此越发尊重自己，越发奋进。

树立个人威信

提到这一点，相信立刻会有女士反驳，我又不是身居高位，我又不是某领域权威，我拿什么树立威信？注意，我说的个人威信没有那么丰富的内涵，指的是品性上的“威”与“信”。

威，是说女人不能一味地低眉顺目，唯唯诺诺，让人觉得是个软柿子，随便捏。要有自己的原则，当利益被侵犯的时候，要为自己争取，让别人知道你也不是好惹的。

信，是说女人应当注重自己的信誉与行为，说一是一，说二是二。你可以温柔，但要有主心骨，答应别人的事一定要做，决定了什么就不要犹豫，让别人看到你是一个说到做到的人，即使你没做好，别人也会认为你这个女人不简单，早晚有出息。

Part 3 美得耀眼，活得洒脱，嫁值高的姑娘都很拼

不少女人期望通过爱情和婚姻来改善自身生活状况，但自古英雄配美人，才子配佳人，你不努力又不付出，凭什么想嫁得好？没有谁能通过依靠别人而达成心愿，我们只有凭借自己的能力和努力，才能成就内心对于生活的向往和渴求！别在最该奋斗的年纪，选择了安逸。当你足够优秀的时候，你想要的一切都会主动来找你。

若能做到最好，就别勉强将就

差不多小姐只想做一个差不多不好不坏的人，她常常说：“凡事只要差不多，就好了。”

差不多小姐小的时候，妈妈叫她去买几个橙子，她买了几个柠檬回来。她妈骂她，她摇摇头道：“橙子和柠檬不是差不多吗？”妈妈气不过，切开柠檬给差不多小姐吃，结果差不多小姐差一点被酸掉大牙。

差不多小姐上学的时候，一次地理老师问她：“河北省的西边是哪一省？”她说是陕西。老师说：“错了，是山西，不是陕西。”差不多小姐不以为然，回答说：“陕西同山西不是差不多吗？”结果，中考时恰恰遇到这一题，差不多小姐的答案依然是陕西，结果以一分之差与重点高中失之交臂。

后来差不多小姐在一家贸易公司做秘书，她认为自己的工作太简单了，根本不值得全心投入，更不必花费太多精力，于是一边抱怨没有机会，抱怨上司不识自己卓越的才华，一边敷衍工作，只做到差不多就行了。结果，十字常常写成千字，千字常常写成十字，为此经常受到领导的批评。

一次，公司的采购员到东北一家小麦产区采购小麦，产区负责人给出的价格是一吨小麦 1000 元，采购员问公司老板：“小麦每吨 1000 元，价格高不高？买不买？”老板调查了一番市场，对差不多小姐说：“哪有这么高的价格，现在最高的价格也不到 900 元，通知采购员，就说价格太高！”差不多小姐赶紧给采购发邮件：“不太高。”

没几天，采购员带着签订的购销合同回来了，老板莫名其妙，追查原因才知道，差不多小姐发邮件时，“不”字的后面少了个句号。如果履行合同势必给公司带来100多万元的经济损失，后来经过多次协商赔偿了对方10万元才算了事。当然，差不多小姐不仅挨了领导批评，还被公司辞退了。

日子一天一天过，差不多小姐越发的抑郁，她问自己，这就是自己的人生吗？为什么自己活得如此失败，毫无任何亮点可言？

差不多小姐的故事好笑吗？这是我身边一个姑娘的真实经历。

你是否也曾是这样的人？“不就是螺丝拧歪了吗？又影响不了大局”“不就是报表里错了一个数字么？下次注意点就行了”“不就是文件页码装订错了么？下不为例就是了”，如此等等，然后你会发现诸多不忿，我和××都差不多，凭什么升他不升我，凭什么他得奖不是我，凭什么喜欢他不喜欢我……一大堆这样的事情，最后其实都是可以这么解释的，差不多就是有差距，有差距就是差很多。

1%的失误也会带来100%的失败，我曾在一家网站上看到过一组令人震惊的数据，在美国，如果99%就算够好了的话，那么，每年大约会有11.45万双不成对的鞋被船运走；每年大约会有25077份文件被美旧闻家税务局弄错或弄丢；每年大约会有2万个处方被医生误开；每天大约将有3056份《华尔街日报》内容残缺不全；每天大约会有12个新生儿被错交到其他婴儿的父母手中；每天大约会有2架飞机在降落到芝加哥奥哈拉机场时，安全得不到保障……

其中所蕴含的道理延伸到生活中，是不是也让我们有所思、有所悟呢？

没有99%，只有100%。一件事情的成功与否不是想一想，也并非做一做，而是来自你做事时是否全力以赴。因为，全力以赴是一种态度，全力以赴是一种精神，全力以赴是一种习惯。任何人，不论你聪明才智高低，家庭背景好坏，也不论你的愿望多么的高不可攀，只要你能全力以赴，要做就做到最好，你的生活一定会出现一个崭新的局面，你的人生也会因此改变很多。

当身边有女性朋友抱怨自己生活不理想，或命运不济时，我时常会追问一句：“你做到全力以赴了吗？你发挥了自己的最佳水平吗？”

我是一个追求极致的人，所有事情，不做则已，只要去做就做到力所能及内的最好程度。这一原则与我的一段经历有关，你愿意听听吗？

14 岁时，我曾是学校自办报纸《校园新闻》的一名小记者。韩编辑是我们地市一家日报社的负责人，每周都会到我们学校讲授一个小时的新闻课程，并指导《校园新闻》的编辑工作。有一次，我负责采写一篇关于学校田径教练王老师的文章。由于当天有一个同学聚会，我没有好好采写，而是敷衍地写了篇稿子交上去了事。第二天，韩编辑把我单独叫到办公室，指着那篇文章说："这篇文章很糟糕，你没有问他该问的问题，也没有对他做全面的报道，你怎么能这样做呢？"接着，他又说了一句令我终生难忘的话："你要记住一点，若能做到最好，就别勉强将就。"

后来，我进入了写作行业。每次提交稿子之前，我都会抱着精益求精的态度通读几遍，以免出现哪怕小小的差错。有时我也会遇到犹豫的时候，比如已经很累了，想早些休息；或接下来还有重要的安排。怎么办呢？是修改还是就这样将看起来也不错的稿件交上去呢？每到此时，我就会想到韩编辑对我说过的话。是啊，若能做到最好，就别勉强将就。于是，我就会继续认真对文章进行审读和修改，直到自己满意为止。也正是因为这样，我的写作水平得以不断地提高。

若能做到最好，就别勉强将就，我的堂妹彭彭也是如此。

彭彭自幼是一个各方面都普普通通的女孩，她考大学时，家里经济上已有些吃紧，她偏偏又没能考中。叔叔很平淡地对她说，没考上就没考上吧，女孩子家识些字已不错。那时，全家人都为她规划未来：上一所市级的普通师范类学校，毕业后在小学做一名教师，平平稳稳过一生。但彭彭却不接受这样的安排，她的理由很简单，不想把一生就那么交付了，她说自己还年轻，想复读再考。再次见到她时，她人整整瘦了十几斤。她说："我每天只睡四五个小时的觉，其余时间都用来复习，我就要上最好的学校。"一年后，当彭彭拿到某高校的录取通知书时，亲戚朋友们几乎沸腾了，除了羡慕，大家更多的是惊奇：彭彭成绩一直不怎么样，怎么就考上了？

大学毕业，彭彭很顺利地进了省城一家很不错的单位，凡事她决不满足于“差不多”，追求的是——在自己的能力范围内做到最好，精益求精地对待自己的工作，就这样，她给单位交上了一份份满意的答卷，颇受领导的重视和青睐。只有一点是遗憾的，她把自己拖进了大龄女的行列。亲戚朋友们忙着给她介绍对象，她仍旧悠闲自在。婶婶整天和她唠叨“差不多就行了，把自己拖老了”，她白了婶婶一眼：“你以为这是挑衣服呀，不合适再换换，我就要找到自己最好的意中人，决不将就。”三十岁那年，彭彭风风光光把自己嫁了，对方是一个高大帅气又贴心的青年才俊。躲在男朋友怀里那个娇羞的彭彭，她的眼神、神情都向外界证明着：此刻的我很幸福。

看着彭彭由衷的微笑，我说：“你呀，从小就犟，从来不懂得将就。”

“将就？为什么一定要将就呢？”彭彭吃吃地笑着，“事情没有去做之前，就先告诉自己将就着过，那就不用做了，更不用想会有什么好结果了。”

瞧，如此努力的女人更可爱，更好命。

生命是自己的，生活是现实的，千万不要相信什么“差不多就可以”之类的话，更不要满足于得过且过的表现。我们的人生由自己主宰，不将就，不平庸，要做就做得最好。一个脚踏实地、勤奋努力的女人，总会向目标不断地迈近，进而一步步更接近完美的自己，你会发现人生就跟开了挂似的。

让你的努力，配上你的野心

我的一个远房的堂妹大学毕业一年了，工作换了四五份不说，最近又闹着离职了。我惊讶于堂妹换工作的频率，她却气愤地表示，离职不怨自己，只是自己运气不好罢了，一直遇不到适合自己的工作，遇不到赏识自己的伯乐。那些老板不是太苛刻，就是有眼无珠，对自己的能力不欣赏。

“你想要的工作是什么样的？”我问。

堂妹想了想，回答道：“至少不太累，每天出入高档写字楼，拿着让人眼红的薪水，还可以经常出去旅游。或者像你这样，每天坐在电脑前敲敲字就能挣钱，不用风吹日晒的……”

听着堂妹滔滔不绝地描述，我终于明白了事情的真相。

和堂妹有同样想法的年轻姑娘，我遇到的并不少。我想说的是，要得到你想要的某一样东西，最可靠的办法是让你自己配得上它。这是一个十分简单的道理，毕竟做任何事情要想取得成功，并不是一蹴而就的，必须付出辛勤的努力。等着天上掉馅饼，企图不劳而获，只是痴心妄想罢了。

老实说，我刚大学毕业时也有一点自命不凡，觉得自己怀才不遇，我恐怕不止一次地跟很多人说过，我小时候的心愿是当一名作家的事情。由于喜欢文字，我从初中开始就一直坚持一件事，那就是写作，开始是在日记本上写，后来在空间、博客上写，但那时候的文笔太稚嫩，思想也比较单纯，哪个出版社会签一个刚毕业的小姑娘呢。迫于生活的压力，我选择了一家图书文化公司，也接受了公司的安排，从一名小编辑开始做起，那时我整天长吁短叹，总想着什么时候才能出书。

有一次，我的顶头上司交给我一个稿子，让我帮着审核一下。当时我对自己的能力还是蛮有信心的，而且认为审稿子是太简单的事情了，结果是，我审核后的稿子居然出现了好几处语句不通的地方，被出版社的编辑挑了出来，我也因此受到了公司领导严厉的批评。那时上司意味深长地告诉我："年轻人，当你刚刚踏入职场时，千万不要眼高手低啊！想要实现你的梦想，就要先把手头的每一件小事做好。你要知道，努力大于天赋，天赋是积累出来的，这个世界上唯有汗水不会辜负你。"也就是从那时起，我才意识到，这个世界上根本没有怀才不遇这种事。

侍弄文字是一件很枯燥的事情，除非你特别喜欢，就像我这种。而要想做好编辑工作，不仅要和作者沟通好，还要涉猎方方面面的知识。为什么？因为你从事文字编辑工作，你会遇到很多作者，如果你自身储备不够，又何以剪裁他人的作品？那段时间，我每天在工作之余将国内外的名著都通读了一遍，而且还记载和摘抄下那些比较有价值的话语。有时在生活中有了一些体会想要记录下来，我就写感想。我也明白，一定要坚持写作，当积累得够多了，便能写下所想要的东西了。那段时间，我从没有半夜三点之前睡过觉，我几乎日日更新文章，每篇都三千多字。

每个女人都不甘于自身的平庸，也都羡慕别人的高嫁值，但我们在看到别人表面的光鲜亮丽时，也要看到别人背后所吃的苦才行。这个世界上根本没有天生就好命的女人，你之所以郁郁不得志，之所以平庸无奇，一定是因为你的才华还撑不起你的野心，你的能力还驾驭不了你的目标。

扪心自问，当你知晓的知识、通晓的领域涵盖量撑不起你想要的名利、金钱、地位或者其他的时候，你会选择埋头苦干、熬夜学习，还是会选择原地踏步、止步不前？

彤姐是我朋友圈中最好命的女人之一，很多人羡慕她运气好，因为她实在太励志了，上学时她的成绩不是最好的，长得也不是最漂亮的，但她却实现了我们无数人的人生理想，住别墅，开宝马，儿女双全，夫妻恩爱，经营着一家近百人的建筑公司。作为一个女人，已然算是走上人生的巅峰了。

“身边很多人问我是怎么做的，想知道吗？”彤姐笑着问我。

我点点头，洗耳恭听。

“加油！努力！根本没有别的什么听起来高大上的方法了。”说这话时，彤姐正优雅地坐在沙发上，用勺子慢慢搅拌着杯子里的咖啡，“我十年之前就知道自己以后要做老板的，所以十年前我就为自己规划了一条成为老板的道路。”说完，她从包里拿出来一个日记本，翻了几页后递给了我。

当时我有些瞠目结舌，以至于后来都忘了表达我的敬赏。

那几页的内容大致如下：

2005—2008年，攻读土木工程研究生，以优异的成绩拿到硕士文凭；

2008—2010年，任职大型企业做研发工作，学习前沿技术，把握行业内技术发展趋势，其间评上中级职称和拿到二级建造师证；

2010—2011年，转做营销工作，学习把握市场动向和训练营销能力；

2011—2014年，攻读MBA，学习公司管理，同时去小型公司做研发工作；

2011—2012年，争取当上中层领导，学习对部门工作进行全盘规划，参与公司的整体决策；

2012—2014年，大量发表论文以及申请省市重点科技项目，为高级工程师的评审做准备，同时深入了解公司各部门工作及流通环节，其间拿到MBA学位以及一级建造师证。

也就是在2015年，彤姐带着满满的光环离开了公司，创立了属于她自己的建筑公司。

瞧，彤姐每一步都走得不能再明确了，所有那些我们看上去很顺利的事，其实都是她一步步踏踏实实地走出来的。

如果你有太多的不甘心，如果你想获得高嫁值，赢取不凡的人生，现在需要做的就是赶紧化不甘心为动力，踏踏实实地静下心来，多学习，多历练，去付出更多的努力和汗水。你要坚信你的努力不会辜负你，那些流过的泪水，那些滴下的汗水，全都会让你活成自己喜欢的模样，加油！

好的选择，它一定是冒险的

对于梅尔·吉布森执导的影片《勇敢的心》，想必你并不陌生。英雄华莱士为自由而抗争的经历，让我们充分领略到了他深藏在体内的那颗勇敢的心。

一个有着勇敢的心的男人令人敬佩和欣赏，同样的，一个有着勇敢的心的女人也令人尊重和赞叹。只是略感遗憾的是，现实中的女性能够真正勇敢的确很寥寥。相反，我们总是被怯懦给牵绊。岂不知，这样便锁住了本可以前进得更快的步伐，以至于到头来要么庸庸碌碌，要么悲悲怆怆。

我在阅读一本同仁所写的书籍时，看到过一个故事，故事中提到的用来做实验的鲨鱼和一些女性有着某种类似之处。在这里，和各位分享一下这个实验：

科研人员将一只十分凶猛的鲨鱼和一群热带鱼放在同一个池子里，然后用一块强化玻璃将它们隔开。鲨鱼总想尝试对面的美味，然而每次总是撞到玻璃，弄得伤痕累累。后来，鲨鱼渐渐消停下来，不再冲撞那块玻璃了。这时候，科研人员将玻璃取走，观察鲨鱼有没有什么变化。令人惊讶的是，鲨鱼尽管依然想着对面的热带鱼，但它每天仍是在固定的区域游着，害怕再次被撞。

经过几次尝试后，鲨鱼知道玻璃会将自己弄得伤痕累累，于是心生胆怯，生活在恐惧的阴影下。即使玻璃后来被实验者拿开了，它也不敢再去做哪怕是一点点的尝试，无疑它的霸气全无，毫无生趣。鲨鱼这种被恐惧笼罩，失去了勇敢的心的状态，是不是和很多女性有些相像呢？

经常在生活中听到出自女性之口的这样的一些话，比如“女孩子还是安安稳稳的好”“唉，凡事有利弊，我能做的就这些了”……每当听到这样的声音，我都不由得感到悲凉，心里不禁为这些女性朋友惋惜。因为一个人如果没有冒险精神，无异于故步自封，其意识和能力便在这种局面下给束缚了。

怕就怕几年之后，你对那些比你强的小伙伴们抱怨：“生活怎么这么不公平，别人怎么就那么厉害、那么多好运气，而我总是这么差劲、总是这么倒霉？”其实，没有什么不公平，相同的时间，你把时间用在了停步不前，别人把时间花在了克服挑战上而已。因为，没有任何一种逃避能得到奖赏！

你得逼自己勇敢一把，才能看到更多的可能性！

我曾经读过一本名为“哈佛女人”的书，作者是美国著名的女作家丽兹·罗曼·加勒。在书中，丽兹·罗曼·加勒解释了很多女人不够出色、不能成功的原因——不够勇敢，不敢冒险。对于这一点，她有着深刻的亲身体会。

最初，丽兹·罗曼·加勒在《华尔街日报》波士顿分局工作。一天，公司派她到纽约去工作，这个机会千载难逢，她可以借此承担更多的责任，完成更多的工作，当然也可以获得更好的发展，还有可能成为分局长。然而，加勒犹豫了，她想到现在这份工作收入很稳定，她的丈夫刚刚成为一名律师，两人在波士顿扎了根，而且当时报社里还没有过女性分局长，她不敢冒这个险，思考了半天，她还是拒绝了公司的建议。

对于加勒而言，这件事严重影响了她的事业前景。公司认为她是一个给了机会也不敢接受挑战、没有事业心的女人，对她完全失去了兴趣和关注，类似的事情再也没有发生过。后来，加勒在书中写道：“我太害怕冒险，太害怕失败，太担心婚姻生活出现问题……我的成功晚了好几年。”

作为一个女人，既然参与了社会的竞争，就要拿出勇气去努力追求自己要的东西。所以，我的建议是，我们要和怯懦、胆小等个性特征说“再见”，要经常给自己一些信心和鼓励，让自己勇敢一点，再勇敢一点，去挑战，去冒险。相信自己，别人可以做到，你也可以做到，甚至可以做得更好！

我可以举一个我自己的例子，我也曾在某些事情上面不够勇敢，畏首畏尾，不敢尝试，但是我也明白，这绝对不是一个成功女人应有的作为。现在记忆犹新的一件事情是，2000年的时候，学校要组织一次“迎澳门回归知识竞赛”，由于主持活动的女同学家里临时有事不能按时参加，老师让我顶替这位同学担纲女主持。

我当时害怕极了，我的害怕并不是对于上台讲话的恐惧，而是时间太紧迫，我只有两天的时间来准备。而且这两天里，我还要正常上课，也就是我只有中午和晚上加起来总共不过五六个小时的时间来准备。再说，这个活动和其他活动有所不同，需要主持人熟知每一道竞赛题目的问题和答案，太冒险了。

我忙跟老师说担心自己搞砸了，还是另找其他人主持吧！但老师却说：“选你来临时主持是经过活动组委会一致研究决定的，大家都认为你是最合适的人选。勇敢一点，你能行的！”就因为老师的一番鼓励之言，我再想想自己尚且不错的记忆力和多次登台演讲的经历，便怀着略带忐忑的心接下了这个千斤重担。

两天后，活动如期举行。在整个过程中，我和一同主持的男同学配合默契，使得活动举行得非常顺利，赢得了老师和同学们的一致称赞。正是从那一次开始，我的勇气又上升了一个台阶，自信心也更强了一些。

通过这件事也让我切切实实感受到，如果我们敢于突破之前为自己设定的障碍，想办法从中挣脱，那么我们就是勇敢的。当我们具有了勇敢的内心，让怯懦离自己远一点，机会出现在我们面前的时候，便不会白白溜走，从而通过一点点的努力慢慢让自己越来越好，成了众人欣赏的对象。

有人说最美的东西是大海，有人说最美的东西是天空，还有人说最美的东西是彩虹。但是在我看来，这些都还不是最美的，真正最美的是一颗勇敢的心。因为有了勇敢的心，我们会在不断前进的生命旅途中，无惧命运向我们发起的挑战，从而最大化地挖掘潜在的能力，让自己受益终生。

活着，最大的失败不是跌倒，而是从来不敢奔跑！女人，收起你的胆怯、退缩和恐惧吧。世界之大，任你驰骋，你注定会获得高嫁值，赢取好人生。

女王的心里没有“不可能”

你可能不是美女，可能不是大腕，不是成功者，也许你一直以来都很普通、很平凡，但请相信，每个姑娘都有能力和机会光彩照人，创造高嫁值，赢得好人生。听到这里，你的本能可能会马上回答：“不可能，我不行。我的学历太低了，我长得不漂亮，我的能力也不高，我能做的就这些了……”

请注意，“不可能”，这是你对自己的宣判，你常常是正确的。

回顾一下你的过去，你会发现那些做成的事通常都是你认为自己能够做好的事，你认为不可能做成的事也真的从未发生。为什么？这是潜意识的力量。如果你觉得自己能行，就会产生一种积极的意识和行为，成功概率会大大提高；如果你觉得自己不行，则会产生消极的意识和行为，结局一定很糟糕。

两年前，我的一位企业家朋友的侄女从南方某城来北京求职。由于比较熟悉，这位企业家早就了解侄女的能力和才华，进入一家500强企业担任一个部门的领导不成问题。于是，他给北京一家通信企业的总工程师写了一封推荐信，推荐自己的侄女去面试。可他的侄女却认为，叔叔太高估自己了，自己哪有那么大的本事，怎么可能在那么大的公司当上领导呢，于是迟迟没有去面试。

这时候，女孩的父亲打来电话。父亲了解自己的女儿，他想到女儿之所以不去叔叔推荐的单位，很可能是怕自己应聘不成功，或者应聘成功了却没能做好，到时候丢叔叔的面子。于是，父亲给她讲了一个故事。故事的内容是：有人做过这样一个实验，将一只跳蚤放进玻璃杯，发现跳蚤跳的高度一般可达到它身体的400倍，如果再增加一些高度，跳蚤就跳不出来了。但是当他把一盏酒精灯拿到杯底之后，跳蚤就会越来越热，等到热得受不了的时候，它就会“嗖”地一下，跳了出去。

听完父亲讲的这个故事，女孩似乎明白了什么，她鼓足勇气决定试一试，于是拨通了叔叔推荐的那家单位人事经理的电话，并约好了面试时间。在面试之前，她的心情还是有些忐忑，不过她定定神，告诉自己：“我可以”！面试过程非常顺利，她的表现十分优秀，一举赢得了在场所有面试官的好评。就这样，她成了这家500强企业的部门经理，而且做得十分出色，连我的企业家朋友都因此颇为得意。

这个女孩的故事给我很深的启迪，所以我始终秉持一种理念，不和自己说“不可能”！

在社会历练多年以后，我更认为，要想拥有更好的生活，更美好的未来，凡事应该“我相信我能做到”。信心是一种态度，它不能给我们需要的东西，却能告诉我们如何得到。过程是这样的：相信“我能行”的态度，产生了能力、技巧与精力这些必备条件，即每当你相信“我能行”时，自然就会想如何去做的方法。

在一本女性刊物上，我曾读到过一位了不起的女性的故事。

1918年，玫琳凯在美国得州休斯敦市的一个小镇出生了。由于家境贫困，父亲又患上了肺结核卧病在床，母亲为了全家人的生活不得不在一个餐厅中每天工作14个小时以上，玫琳凯肩负起了爸爸的厨师与护士工作。对于年仅7岁的玫琳凯来说，无论是照顾父亲，还是做家务，都是非常复杂、棘手的事情。有时候，因为不知道怎么操作，玫琳凯只好一次又一次地给母亲打电话求教，“你能行”“你一定可以”，这是母亲经常对她说的话，这激励着玫琳凯积极向邻居、护士们学习做饭、医护等工作。

很多年后，高中毕业的玫琳凯和当地一位叫罗杰斯的男子结婚了。但是命运似乎有意和她过不去，丈夫服完兵役回来后与另一个女人走了，留给她三个孩子。当时的玫琳凯没有工作，也没有任何经济来源，怎能抚养得起三个孩子呢，她陷入了人生的低谷。不过，很快玫琳凯想起了母亲的鼓励：“你能行”“你一定可以”，她相信自己可以扛过去。于是，玫琳凯尽快从婚姻的阴影中走出来，找到了一份既能糊口又不至于完全打乱家庭生活的直销工作，带着三个孩子艰苦地生活着。

一段时间后，凭借自身的勤奋和努力，玫琳凯成了一名十分出色的销售精英，拿到年薪2.5万美元的高额薪酬，她给了三个孩子非常优越的成长条件。退休后的玫琳凯打算写一本书，指导女性如何在男性统治的商界里生存，但后来一想，既然自己有这么多的经验和想法，为什么不自己开一家理想的新型公司呢？开公司可不是一件容易的事，但玫琳凯相信自己能做到，她用“你能做到”的精神来激励其他女性加入自己的事业，就这样，玫琳凯公司的业绩越来越好，从一个名不见经传的小公司成长为美国最大的护肤品直销商，而玫琳凯本人获得的各种奖项更是不计其数。

多年后，玫琳凯在一次活动中，深深地表达了对母亲的感激之情，她说：“母亲告诉我，只要你愿意相信自己，相信自己一定能做得更好，你就能完成世界上的任何事情，这培养了我对成功、对美好生活的坚定信念……”

讲到这里已经非常明朗了，千万不要以为自己是一个小小弱女子，不可能有什么建树，更不可能有出头之日的那一天。这种想法是不对的，也是对你自己不负责任的，只会对你前进的脚步形成羁绊，让你无法全力前行。

世界上没有一件事是“可能”的，也没有一件事是“不可能”的，事情一开始谁都不知道结果怎样，在心里多念几次“我能行”，并将这一信念运用到实际生活和工作中去。只要你愿意行动起来，就有机会突破自我，做成以往认为不可能做到的事，赢得更多人的欣赏，成为一个高嫁值的女人。

如果你有梦想，全世界都会为你让路

前不久，已婚的高中同学菜菜和我说，女人活着就是为了传宗接代。

菜菜虽然算不上是校花，但也算清新脱俗，而且擅长画画，但是大学毕业后她不急着去找工作，而是与相恋六年的男友立马结婚，接着就是生孩子。老公平时工作很忙，公婆住得偏远，她一个人一边带小孩一边做家务，渐渐满腹怨言："我时常感到身心疲惫，生活无聊枯燥。这个年纪，本应该是在职场上打拼一番，闲暇时和闺蜜喝茶聊天，遇到假日还可以出去旅游。如果可以选择，我宁愿不结婚……"

我有些诧异菜菜的说法，于是追问："你平时还画画吗？我记得你画画非常棒的。"

菜菜那个时候正哄着跌倒哭泣的孩子，头发散乱地束在脑后，发福的身上套着宽大的家居服，很难想象她曾经是我们朋友中追求者最多的一个。她深深地叹了一口气："哪还有时间画画啊，每天就是围着丈夫和孩子转。"

菜菜只是我身边的一个例子，但她身上折射着广大女性朋友的影子，被生活中林林总总的琐事占据了大部分时间，以至于活得浑浑噩噩，失去了意义。

究竟什么样的人生才有意义，我想了很久才想明白，就是坚持自己的梦想。

相信每个人小时候都有梦想，只是随着年龄的增长，有些人被家庭、物质、金钱、事业等占据了，渐渐地遗忘或是割舍了最初的梦想。也许一开始不觉得有什么，等到时过境迁，再回首自己走过的岁月时，才会感觉到自己的生活似乎没有预期中那么美好。其实，丢失的那一部分正是自己的梦想。

谈及梦想，一些女人会说放弃梦想是不得已而为之的，还有人会无奈地摇摇头，说梦想终究只是办不到的一场空望，有人甚至会嘲笑说梦想不过是小孩子的狂妄？其实不然，一个女人无论到了什么年纪，过着怎样的生活，永远不能放弃自己的梦想。梦想是一个人内心里对人生、对自己的一种希望，任何东西也取代不了梦想在精神世界中所占据的分量，取代不了它带来的精神愉悦。

对此，有位作家曾这样说过：一个有梦想的人和一个没有梦想的人生活在完全不同的世界里。如果你与那种没有梦想的人一起旅行，一定会觉得乏味透顶。一轮明月当空，他们最多说月亮像一个烧饼，压根不会有“明月几时有，把酒问青天”的豪情，面对苍茫大海，他们只看到一大摊水，决不会像安徒生那样想到美丽的海的女儿……

梦想值得女人珍惜，它和爱情一样，可以带给女人幸福愉悦的体验。

一个真正善待自己的女人，无论生活多么烦琐，处境多么艰辛，都会为自己编织华美绮丽的梦想，善待自己的梦想，追求自己的梦想，并用梦想陶冶自己的情操，润色自己的生活，将灰色的现实加上粉色的底片。无疑，这种女人是懂得生活乐趣的，她们的生活也会是光彩熠熠、多姿多彩的。

我的闺蜜之一苏珊长相普通，身材平平，但她一直是个有梦想的女人。上学时，她梦想自己拥有青春美丽的笑容，有很不错的人缘；工作时，她梦想自己工作能力出众，遇见喜欢的男生；恋爱时，她想象有全世界最漂亮的婚纱，是人人羡慕的漂亮新娘；结婚以后，在琐事繁多的婚姻生活中，苏珊依然不肯放弃梦想，她向往节假日和丈夫一起去旅行，向往生一个健康漂亮的小宝宝……

十多年过来了，苏珊就像拿着一支画笔，不断勾勒出生活的轮廓，并慢慢接近梦想中的样子。梦想陶冶了苏珊的情操，培养了她的气质和修养，让她的人生充满了希望。

在毕业之后的一次大学同学聚会上，依然年轻漂亮的苏珊让同学们眼前一亮，尤其是一些女同学纷纷向苏珊讨教秘诀。看着那些脸上写满了生活沧桑的同学，苏珊问道：“你们的梦想是什么？”当即就有几位女同学无奈地表示：“现在只想怎么把现实中的日子过好，管它什么梦想。”“这就是你们的不幸所在，因为生命里一件宝贵的东西——梦想，已经被磨平了，消耗了。”

苏珊只是爱“做梦”，但她拥有的比全世界还要多。

所以我经常会和身边的女性朋友们说，传宗接代、相夫教子不是生活中的唯一，高嫁值的女人绝不会因为生命中出现了一个他，出现了一个可爱的孩子，出现了一份繁忙的工作，出现了一种琐碎的生活，就放弃自己的梦想。女人一生都应该有梦想，让生活富有情调和意义，努力让自己过得更好。

梦想可以与个人喜好和憧憬有关，比如插花、养鱼、给布偶设计服装、雕刻、写作，等等。也可以与个人事业和责任有关，不管你是惬意地在自己的小小世界里写美好的童话故事，还是在熟悉的领域做一朵铿锵玫瑰，只要你能坚持不懈地追求这个梦想，它就会给你带来丰厚的回报！

不过我也常常注意到，有一些女性不是没有梦想，而是她们只限于想和口头立志，根本没有付诸行动。我看她们无非就是过过嘴瘾罢了，说完之后就把美好的理想和宏伟的蓝图抛到九霄云外了。用一句通俗的话说，这样的人就是“言语的巨人，行动的矮子”，这样的女人能取得成功才怪呢！

在现今时代，行动力也可以被我们理解成执行力。我们看到，很多企业在招聘新人的时候，都会提到“有较强执行力”这一点。一位职业经理人也说过：“哪怕梦想再宏伟，蓝图再壮丽，计划再周密，决策再正确，如果没有严格高效的行动力作支撑，那么最终只能等于‘零’，甚至还可能是‘负数’。”

所以我一直提倡，身为女性，要想让自己有所成就，就一定要杜绝说到而做不到这种现象在自己身上发生，而应该增强执行力，将计划付诸行动，做行动的巨人。

有个姑娘在我们的一个作者群里很活跃，经常跟别人讨论一些写作计划与技巧，一天她在网上问我：“老师，我很想出书，可就是下不了笔，怎么办？”

我问：“你为什么下不了笔？是不是因为没有构思好，你写目录大纲了吗？”

她发过来一个文件，跟我说：“我早就拟好了大纲。”

我看了下这个大纲，内容关于女人如何实现自强自立，有几个点写得还不错。对于这些爱好文学的人，我向来都是喜欢的，于是就鼓励她：“写得还不错，你按照这个大纲写下去。如果有需要的话，我可以给你把把关，还可以帮你联系几个出版社的朋友。”

她说了几句感谢的话，称以后再联系，就下线了。

后来等了很久也没动静，渐渐地我就忘了这回事。

直到一天，我在另一个群里看见她跟别人聊写作计划，说得慷慨激昂，隔着电脑屏幕我都能想象出那一副激情满满的样子，于是忍不住问她：“上次说的那个写作计划怎么样了，我还等着看你的文章呢。”

她不好意思地说：“哎呀，最近工作比较忙，经常加班，那个写作计划只能推迟了。”

我直接回她：“那你可以晚上写，或者周末。”

她说：“晚上回家做饭吃，忙完就很晚了。周末还要逛街买东西，更没时间。”

我又说：“其实也花不了多少时间，你可以每天抽时间写2000字。”

她说：“写作又不是简单的事，有时也没有思路。”

我每说一句话，她总有解释的理由。

话聊到这个份儿上就无解了。

短短的故事，却蕴含着深深的道理，那就是：不去付诸行动，梦想再美都白搭。

我们要想让自己的梦想早日得以实现，就应从现在开始放下“想”，而去“做”！

我还在一本刊物上读过这样一个小故事：

有两个女孩，她们在上大学的时候就约定，等毕业之后有点积蓄了，就去西藏一趟。毕业之后，女孩甲应聘到一家民营企业做文案，女孩乙应聘到一家广告公司做文案。两个人的收入都差不多，工作强度也差不多。女孩甲始终记得去西藏的那个计划，她准备在一年之内执行。于是，女孩甲开始筹划着每月的积蓄，并考虑到什么时候可以休年假，最好是年假和某个公休长假同时休，这样自己就有充裕的时间进行西藏之行了。因为有这样一个目标，女孩工作起来也更加卖力。一年之后，她很顺利地执行了西藏之行的计划。回来之后，她开始带着更加饱满的热情投入到工作之中，做得有声有色，职位有了提升，薪水也已是刚参加工作时的两倍有余。

再来看看女孩乙，她也记得自己当初去西藏的梦想，可是她却始终没有付诸实施。这是为什么呢？原来，女孩乙总觉得时间不够用，资金也不宽裕，她就想着干脆再过一年去西藏好了。转眼，一年的时间又过去了，女孩乙还是觉得时机不成熟，就想着再等一年。就这样，女孩乙一直在等待中过了一年又一年，西藏就成了她头脑中的西藏，而她的脚步从来没有踏上过那片土地。她的工作也始终如一，没有什么明显的起色。

故事中这两个女孩，起步是一样的，愿望也是一样的，但结局却大相径庭。究其原因，无外乎就是一个能将想法付诸行动，直至变成现实，一个始终停留在想的阶段，从不付诸行动，也就无从让梦想照进现实。

如果你有梦想，全世界都会为你让路。你的梦想是什么？还记得吗？

我喜欢把梦想比作高山，将实现梦想的行动，比作撼动高山的强大力量。年轻的你，正是拥有梦想，追逐梦想的好时候。只要你怀揣梦想，细心而认真地去呵护它，让自己不断地释放撼动“高山”的力量，一步一个脚印地走下去，便可跨越一座又一座的“高山”，嫁值也就显现出来了。

把自己打造成一只“绩优股”

喜欢种植花花草草的人都知道，要想让植物生长得好，常开出鲜艳的花朵，离不开及时的浇灌。由此，我联想到女人如果不想做花瓶，不想做瓷器，不想做黄脸婆，就要像不断对花朵进行浇灌一样，对自己进行“充值”。也就是要不断地充实自己，让自身价值得以不断地提升。

曾经在给女性进行幸福课程讲座的时候，我跟大家说过：“如果一个女人总是把自己的幸福和快乐寄托在孩子或者丈夫身上，那这种幸福则是最不保险的。因为你能够决定的只是自己的行为，你左右不了别人。不要等到最后悲哀地大喊‘我为你付出了那么多，你竟然……’倘若将那么多的付出改变一下，不是为他人，而是为自己，那么结局就截然不同了。说到底，你只有把自己打造成一只‘绩优股’，才会有更多的人选择你这只‘股票’。如果尚未将自己打造成一只‘绩优股’，至少你也要成为‘潜力股’，让众多的投资者对你有信心，愿意在你身上投资。”

在自己身上投资，这是我一直倡导的一种理念，当我们自己有了增值的空间，那么我们身边的人自然会被我们吸引过来。这样不管对于我们自己，还是对于对方来说，不都是幸福、快乐的事吗？更何况，当我们价值提升的时候，我们会更有能力为身边的人付出，这总比价值不高的时候全身心为他人付出要好得多吧！

也有的女性，一听到为自己投资，让自己增值，就以为是不断地往自己的脸上涂脂抹粉。对于这种理解，我也并不否认，这种形象投资是少不了的，所谓爱美之心人皆有之，一朵漂亮的花总还是比一棵平凡的草更容易引起别人的注意。但这种投资却是会缩水的。很明显地，当年华逝去，人老珠黄，再高级的化妆品也遮盖不住岁月的痕迹，到那个时候，所有的投资就都变成了赔本的买卖。

女人对自己最好的投资，是从知识、思想、技能方面提升自己，这样的女性才是实力不断增强的女性，才是真正高嫁值的女性。

大学毕业后，M女士在一家外企做经理助理；过了几年，结婚生子。重点是，她可谓嫁入豪门，M女士的老公是低调的富二代。所以，她身上的标签是金光闪闪的“外企白领”“富家少太”，在很多人眼里，这种女人一辈子锦衣玉食，只管享受就好了。但M女士却不，她不仅把家庭打理得井井有条，还一直坚持兢兢业业地工作，认认真真地做好每件事，而且时常抽时间学习，不断充实自己……问及原因，M女士说：“我非常清楚，自己这么年轻，现有的知识只能应付现在的工作，但是要想有更高的提升，还需要加强学习，为自己的未来做好‘投资’。”

有一年，M女士一直在利用周末的时间努力学习英语，她在准备考雅思，这对于她当前的工作本身就有帮助，很快，勤奋的她就能帮助经理处理一些复杂的英文文件。随着英语水平的逐渐提高，经理也有意识地让她多去接触一些海外的客户，她的口语得到了迅速的提升，还掌握了一些销售技巧。但她觉得这还不够，于是又报名参加了一些销售方面的培训班。就这样，她凭着自己的能力很快荣升销售部副经理，享受着比之前高三倍的年薪。如今，和之前一样，M女士还是不断利用业余时间充实自己、提升自己，使得自己在职业和生活中越来越游刃有余、优雅从容。

一个懂得投资自己的女人一定是聪明的女人，因为投资自己永远都不会失效，而且越投资收益越大。可以说，每一份对自己的投资都会收到生活的丰厚回报，也能收获超出理想的硕果。即便我们没有M女士幸运，或出身卑微，或技不如人，或平凡无奇，我们照样可以凭借不断的自我升值，赢得众人的欣赏。

不相信吗？让我们来看看“打工皇后”吴士宏事业发展的过程吧。

由于高中时期的一场大病，吴士宏在病床上足足躺了4年，她没有如期完成高中学业，也与梦寐以求的大学失之交臂。病好之后，吴士宏为了把病中耗费的4年“挣”回来，选择了一条上大学的捷径——参加高等教育自学考试。当时为了节约时间和资本，她选了科目最少、经费最低的英语专业，由于英文都是从头学习，吴士宏开始不顾一切地努力，她每天挤出10个小时的时间用在学习上，就连吃饭、上厕所都戴着耳机练习英语听力，仅仅一年半就拿下了大专文凭。

学业完成后，吴士宏幸运地进入IBM当上了一名行政专员。说是行政专员，其实与打杂无异，什么都干。她不但要负责打扫办公室卫生，还要负责给人端茶倒水，几乎没有人注意她。有一次因为忘了带工作证，公司的保安把她挡在了门外，不让她进去。她声称自己是公司的员工，是因为要给公司买办公用品走得匆忙，把工作证丢在办公室里了，但不管她怎么说，保安都不理会。她委屈地站在公司门口，却惊异地看到一些与自己年纪相仿，穿着职业装的白领进入公司的大门，他们是那么随意，有的也没有佩戴工作证，而保安却不闻不问。她便问保安：“刚刚进去的那几个人也没有带工作证，你为什么让他们进去？”得到的回答却是：“你赶紧走，就是不让你进，你和人家不一样！”

吴士宏感觉自己的自尊心被人当众踩在脚下，看着自己寒酸的衣装、老土的打扮，再看看那些衣着整洁、气质不凡的白领，她在心里发誓：“我要努力缩小与这些人的差距，今天我以IBM为荣，我要通过自己的努力，让IBM也以我为荣！”此后，她利用所有的闲暇时间来熟悉公司业务，不断充实自己。由于什么都要从头学起，她每天都是第一个来公司，最后一个离开，还常常熬夜到两三点。很快她成了一名业务代表，而后通过几年的认真学习和实践锻炼，她的工作能力越来越突出，被任命为IBM公司的中国区总经理，最终被誉为“打工皇后”。

真是一个了不起的女性！吴士宏虽然学历低、经验少，但她却懂得“先升值，再升职”的道理，不断地通过提高自己的知识、能力和经验，克服自身的弱项，弥补自己的不足，从而通过一点点的努力慢慢地向目标靠拢，最终成了众人尊敬和欣赏的女性，实现了更高的人生价值。

我想告诉大家的是，你要知道，在这个平等的社会中，没有人生来就拥有一切，也没有人不能够拥有一切。关键是你能否不断充实和提升自我，能否不断展现一个全新的自己，迈向一个更好的自己。请相信，只要你不断地为自己投资，你生命的鲜花就会常开不败，你的人生就会越来越精彩！

为了更好的自己，努力吧！

人生没有白走的路，每一步都算数

我上大学的时候，学校经常会举办各种各样的讲座，而我觉得花两个半小时听一个大部分由废话和段子组成的讲座是一件浪费时间，而且没有什么意义的事情，而和我同宿舍的一位舍友却乐此不疲。我很疑惑，因为她是个非常实用主义的人，于是问她，听那么多讲座的废话，你不觉得浪费时间吗？

她说："一场两个半小时的讲座，可能有两个小时说的都是已经知道的内容，二十分钟的场面话和段子，五分钟的休息，但还是可能有五分钟能给目前的你以启发。而只要有这么五分钟，或者说哪怕两个半小时的时间里只有一句话能给我启发，能让我觉得前进了那么一点儿，我就觉得这场讲座是值得的。"

她继续说："不要因为没有回报你就不付出。付出未必有回报，不付出一定没有回报。"

在过后的日子里，我时常想起舍友的这些话。对于一些看似没有意义或意义不大的事情，我们总觉得时间付出得没有效率，没有"性价比"，却忘了，嫌一件事情好处不够多而选择不去做的我们，在那段时间里，也无非是无所事事而已，而无所事事，难道不是最没有"好处"的事情吗？

后来，我越长大越明白，没有什么路是白走的，没有什么事情是白做的。那些所谓没得到回报的付出，只是没有即时得到回报罢了。例如，我曾经熬夜背的书，其价值不只在于第二天的考试。真正记住的东西，都会好好地藏在自己的生命中，在将来某一日，在猝不及防间回报于我们。

前一段时间，我看了歌手李宗盛和某品牌合作拍摄的一个纪录片，纪录片中李先生穿梭在各种场景，还原了五十多年来他的真实经历，原来我们每天正在经历的都会刻在生命里，化成自己独有的气质。正如李宗盛在片中所讲："时过境迁后终于明白，人一生中每一个经历过的城市都是相通的，每一个努力过的脚印都是相连的，它一步一步带我们到今天，成就今天的我们。"

的确，很多看似撞大运的成功经历，往往是源于曾经一段看不到光明的努力付出。

读研的时候，一位老师要我和他一起做一个与非洲相关的项目。起初，我对这项任务非常反感，因为阅读并整理相关资料需要耗费大量的时间和精力，而研究非洲又不是我的兴趣所在。在最开始的一段时间，我总是觉得自己是在做一件很累又很傻的事，可我又不得不做。于是，我只好每天背着电脑和很厚的书去图书馆，耐着性子一点点翻译、一点点整理，再拿着材料去和老师分析探讨。大概花了近半年的时间，老师写完了这个项目的研究，当时我觉得自己终于解脱了。

一年后，我要开始准备毕业论文了，由于我不知道自己擅长什么，所以论文题目迟迟没法确定，我心急如焚。后来，我想到自己曾花了半年的时间认真研究了很多学科内的非洲相关问题，便根据之前对非洲问题的积累，选取了自己感兴趣的一个切入点。幸而之前整理了大量的非洲问题材料，我在确定毕业论文选题时可以直接想到它，在之后的研究和写作中，我也因之前的积累而游刃有余。

曾经以为自己帮那位老师做项目是件很傻的事，以为那是浪费自己的时间和精力。可后来我才发现，这个我当时无比抵触的工作，竟对我的毕业论文产生了极大的帮助，我当真无比感激自己曾那般努力地研究过一个问题。当年的努力，现在都有了回报，这使我笃信：凡是播种的，必有收获。

还有，我刚毕业那几年，几乎每两年就会换一份工作。家人知道后很着急，催着我说职业还是早早地确定下来的好，而像我这样不断地走弯路，只能是浪费时间。但我感觉当时对自己的事业规划有些迷茫，想在年轻时多尝试几份工作和环境。同时我也相信，不管走了多少弯路，只要我是认真地去走，就一定不会白走。

经过几年的兜兜转转，我终于明白我热爱的是写作，于是决定从不错的单位辞职，沉下心与文字为伴。而这几年，我做过文案、编辑、记者、策划等，还当过一段时间讲师。因为工作过的岗位太多，所以虽然一直得到好评，却没有什么成就。可只有我自己知道，正因为我有过这么多的工作经验，所以我看问题更全面、更透彻，也可以将自己经历的、听到或看到的故事写下来，并分享给更多的人。

果真，人生没有白费的努力，也没有白走的路，每一步都算数。

这并不是个多么了不起的例子，事实上，我相信每个人都有那么一两件无心插柳柳成荫的经历，给自己的生活也带来了或大或小的一些改变。只不过，很多时候我们习惯将其归结于幸运，而没有认识到，这种幸运不正是因为当初自己努力的付出吗？只要曾认真努力过，终将被命运垂青。

你想活得美丽而耀眼吗？你想做高嫁值的姑娘，去拥有想要的生活吗？那么在今天，你能多努力，就得多努力。沿着人生的道路一直努力奔跑，珍视自己付出的每一分努力，终有一日，曾经的努力会盛开如繁花，惊艳我们的生命。那时，我们会无比感慨地，感谢当年这个努力的自己。

Part 4 做灵魂有香气的女子：你若盛开，蝴蝶自来

如果一个女人的内在贫乏，那无论外在多美丽、多有成就，都没有用，很难吸引到优质异性。我们或经历是非纷扰，或沾染世俗风尘，但一定要重视丰盈内心世界，并精心耕耘。渐渐地，你的灵魂香气会淡淡地、幽幽地散放，那股香气是掩饰不住的，让经过你的人都能闻到，并被深深地吸引。

心若美丽，粗茶淡饭也幸福

“为什么有些姑娘活得比别人好？”

当我抛出这个问题时，我的朋友贝小姐回答：“因为人家有钱，生活富足无忧。”

“我可不像M女士那样嫁了个能赚钱的好老公，每天只要负责貌美如花就好了！”

“我可不像莎莎那样好命是个‘富二代’，今天飞巴黎，明天去日本！”

“我可不像刘晓那样会赚钱，是个女强人，自己开公司，都快上市了！”

“熬着吧，等我有钱了，一切就好了。”

……

以上是贝小姐的几句口头禅，每当我们几个朋友小聚时，贝小姐就会不断地感慨自己的生活不如意，聚会到一半，她就急匆匆“闪人”了，她还赶着去超市打包几个打折的熟食做晚饭……

每个女人都曾有过“公主梦”和“小资心”，谁不希望每天活得光鲜亮丽、潇洒随意呢？但现实是，绝大多数女人就像亲爱的贝小姐一样，总认为自己的困境与金钱有关，在劳累与压力中把日子过得越来越马虎。但我认为，一个人过得好不好，与所拥有的物质财富的数量不能画等号。

回想一下，你们有没有什么时候，觉得自己好富足？

我相信，这种感觉一定不会出现在你买车买房买名包的时候。例如，我每次进香奈儿专卖店，即使买到了中意的包还是觉得自己好穷，这里随便一点什么都够我敲好多天字的。但那一年在天山，我骑着马行走在山间小路上，路边是花海，前方有雪松、落日、高山，那一刻我觉得好富足。

可见，幸福是一种心态，一种源自内心的美好，一种对生活的认同和心灵的感受。

生活中惊天动地的事情很少，大多是一些平平淡淡的小事情。不少女人常感叹生活太过于艰辛，生活内容单调而乏味，几乎看不出有任何的意义，不禁心生厌倦。如此，生活中原本的清淡和美好，也就被淡忘了，被磨砺了。如此，无论走到哪儿，流露出的只是苍白冷漠的眼神，内心难以安宁。

是的，你未必能如愿嫁个钻石王老五，你未必好运到含着金汤匙出生，你也未必就有超强的赚钱头脑和工作能力。很多时候，你和大多数的女人一样，只是芸芸众生中一个普普通通的工薪族。你需要每天上足 8 小时的班，甚至可能经常需要付出额外的加班时间；你每个月拼了命也只能赚几千块钱，却还背负着房贷、车贷——这就是你的生活，也是绝大部分平凡女人的生活。

生活可以是平淡的，但心态绝不可以平淡。

生活原本是一杯水，贫乏与富足，权贵与卑微，不过是个人根据自身情况为生活添加的调味剂罢了。有人爱刺激，把它做成多味酱；有人喜欢甜蜜，给它加点糖；有人喜欢甘香，便把生活泡成茶；有人喜欢苦中作乐，便把它冲成咖啡。当然，也有人就喜欢淡淡的白水，什么也不加，安心享受原汁原味的生活。在她们眼里，只要心美，一切皆美；只要心不苦，怎样活着都是幸福。

我曾有幸认识到一些生活清贫而内心富足的女人，她们总能在波澜不惊的平常日子里发现幸福和快乐，用信念和智慧将生活打理得温暖而光亮，哪怕是一个细微的幸福也能够将其无限放大，哪怕只是粗茶淡饭也能够吃出别样的味道，最后赢得了周围众人的赞叹和青睐，这实在不能不让人羡慕。

在我眼里，Q 小姐是一个素雅淡然的女人，举止优雅，神态自若。据我所知，一路走来，她吃了很多苦，受了很多委屈，可她从来没有抱怨过。相反，有她的地方就有爽朗的笑声，从来没有人看到过她愁眉不展的样子，脸上总带着幸福的笑容。曾经有人问过她，多年来为何能够一直如此？她微笑着讲述了自己的经历。

Q小姐出生在一个贫困的家庭，父亲在煤矿做工，母亲一边料理家务，一边照料三个孩子。年幼的时候，每次过圣诞节她都会哭闹一番，她不明白为什么自己得到的礼物总是那么少，而周围的伙伴们却能收获那么多。当时家里经济十分困难，只是作为一个小孩子的她并不明白，母亲只好一次次向她解释。提起母亲当时说的那番话，她总觉得好笑，妈妈告诉她：“我们的袜子上有个洞，这就是为什么圣诞老人没有给我们太多礼物，因为它们都被漏掉了。”其实，袜子上没有洞是什么样，她当时还真的不知道，因为每年过圣诞节，她最大的愿望就是能够收到一双新袜子。

困苦的经历，并没有影响到Q小姐日后对生活的热爱，她逐渐地明白，不只是袜子上有个洞，生活也有一个洞，很多渴望的、追求的东西，常常也会从中漏掉。起初，她还觉得有些失望，可是很快她就从“袜子的小洞”中领悟到了一个哲理：袜子上的小洞让一件件小礼物漏掉，是因为自己太关心那些小东西了，生活中的不开心、烦恼、痛苦、悲观绝望，也是如此。这些年来，漏掉的小东西不少，但是那些重要的大东西还留在身边，它们是无法从袜子的那个小洞中漏掉的，比如爱、欢乐、笑声、家人、朋友、工作，它们都是“大东西”，都是最值得我们珍惜和感激的。

十几岁时，Q小姐就失去了母亲。作为家里的长女，她上完高中就辍学了，在乡里做起了代课老师，拿着微薄的薪水，帮助父亲一起把弟弟妹妹带大，还供他们读了大学。再后来，为了支撑这个家，她和村里人商量，要了人家不愿耕种的田地。每天下课之后，她就到田里做农活。田里产的粮食和蔬菜，自己吃不完的她就拿到集市上去卖。她每天要做的事很多，可不管多忙她都不会影响到工作。在学校里，她的教学能力和对待学生的热心劲儿，大家有目共睹，尽管是代课老师，可丝毫不比正规学校出来的老师差。她教的那个班级，成绩每年都是第一。得空的时候，她还会组织孩子去郊游。后来，她参加了民办教师转正考试，结果得了县里的第一名。

“重要的是，你对生活的态度是什么样的，你对自己的态度是什么样的，”Q小姐说，“日子过得清苦点没什么，一家人开开心心地在一起，我就很知足。上课时，看见孩子们那充满渴望的眼神，心里也有一种难以言表的幸福。人不是有钱才幸福，心里的踏实感和幸福感，多少钱也买不来。”

是的，富足和物质没有多大的关系。正如林清玄所说：“心美一切皆美，情深万象皆深。”一个女人的内心是美丽的，她眼里的一切都是美丽的；一个女人的情感是深厚的，她会觉得世间万物都很深刻。世界上的万物，没有一样是不美好的，即便是破洞的袜子，它也是漏掉累赘留住幸福的网。

这是一种精神的修炼和优良品性，也是一个女人难得的精神财富。

钱少不要紧，哪怕赚得再少，你也可以让自己过得很好。或许你不能去马尔代夫享受椰林树影，但你可以到附近的公园或山间体会蓝天白云；或许你不能喝着红酒吃牛排，那么不妨挽起袖子给自己做一顿丰盛的晚餐；或许你没有能力拥有昂贵时尚的衣服，但小小的点缀也能体现出你的精巧细致……

这样的女子如此明净，让心灵清澈透亮，让生命豁然开朗。真美！

予人玫瑰，温馨了他人，也芳香了自己

“那个女人很精明。”

听到这句话，你认为说话者想表达什么意思？

夸奖？肯定不是，如果是夸奖，他们会用“聪明”“有智慧”“干练”这样的字眼。

精明的最突出特点是能算计，而算计所围绕的大都是个人利益上的得失。在个人得失上斤斤计较，处心积虑、步步为营，总是喜欢占别人的便宜，一算计到自己可能要吃亏，她就不乐意了。生活中，我们常会听到这样的告诫：“那姑娘太精明了，离她远点，小心别让她给你算计喽。”

清晨起床，看到狭小的住所，就会感叹为什么自己不是个阔小姐，或者为什么没能找个高富帅，相对那些住豪宅开宝马的女人，自己真吃亏；

要去上班，想到自己付出时间、精力、健康，换来的不过是一点点工资，又会觉得老板太狡猾，压榨廉价劳动力，自己真吃亏；

上班间隙逛淘宝，为即将过生日的好友选礼物，想想自己的生日，好友却总是记错日期，越发觉得自己的这种细心真是吃亏；

下午要和一位同事合作，统计今年某个部门的资金流动数据，同事是个新手，频频出错，自己做了一大半，越想越吃亏；

……

有这样一些女性，每天都在计较着自己的付出和收获，而且不论她怎样算，都会觉得自己吃亏了。对待吃亏一事，男女的反应往往不同。多数男人的反应是吃亏也就吃亏了。然而女人却不同，女人心思细腻而敏感，加上爱计较，所以不论是现实中真的吃了亏，还是从逻辑关系里推导出来的吃亏，都会构成女人解不开的心结。于是，心理失衡难以避免，暴躁、牢骚难以避免。

她们还不了解在人与人的关系之中，在所处的环境之中，人都有一种趋利避害的本性，如果一个女人处处精明，时时算计别人，处处占人便宜，表面上看是尝到了一些甜头，实际上丢失了人们对你的尊重和信赖，最后你很可能成为不讨人喜欢的女人。因为与你打交道一不小心就吃亏，有谁愿意？人格没有了，朋友没有了，金钱也甭说了，这个“亏”可大了，比天还大！在爱情和婚姻中更是这样，事事精于算计、不肯吃亏的女人，在男人看来是过于重视主观感受，对有些自私的女人，男人也害怕吃亏，在这种类型的女人面前多不敢靠近。

所以，我一直信奉的一条原则是——“予人玫瑰，吃亏是福”。这句话，大家可能各有见解。当你吃亏的时候，可能心里特别委屈，也特别想不通，吃亏了哪里来的福呢？

不知你是否相信“运势”的说法，在某一方面的付出，会转化为另一方面的运势，补偿你损失的东西。举个简单的例子，乐善好施的人，看上去损失了很多金钱，但却得到了好名声以及内心的平静和喜悦。一个有品德的女人，很难做到完全自私，当别人快乐的时候，她也觉得自己做的事、吃的亏有价值，这种心理就是一种福气，让她摆脱了市侩、小心眼和因此带来的烦恼。

吃亏是一种气度，是一种慷慨，是一种对他人的礼让。虽然每个人因为私心，都会希望在与人交往中占一点点便宜，或者是个性上的，或者是利益上的，但多数人都有基本的道义感，在“傻女人”需要帮助的时候，他们会第一时间主动帮助这个让自己“占了很多便宜”的人。在感情上，有点傻的女人让人觉得特别踏实，人们总会放心地对她敞开心扉、以诚相待，乐于和她成为朋友。

佳姐在我们单位的行政部做人力专员，劳资处的人有文件需要整理时，经常找行政部的人做。因为这是额外的免费服务，久而久之，行政部的同事们都是能躲就躲，只有佳姐通常是忙完了自己的工作，又伸出援手去做他们的“义工”，差不多做了一年。大家七嘴八舌，纷纷说佳姐太傻了，吃大亏了。

一次，有人好奇地问佳姐：“你又不是他们部门的人，不吃他们的饭，他们连一毛钱的好处也不给，你为什么那么傻做亏本的事情呢？！”

佳姐笑了：“我不是没有想过这个问题，但是我刚上班时我父亲就曾告诉我，运气和机会都是你用双手干出来的，哪个单位都不可能白养你，自己多吃点亏，人家才有可能发现你的好。虽然同事们把任务交给我，我要加班受累，但如果我抗议抱怨的话，大家也许就会把这些事分给别人。那么同样的，经验的积累，同事们对你的好感，可能的升职机会，也就同样分给了别人。你说哪样更吃亏，哪样更占便宜？”

佳姐因做“业余秘书”学会了公文写作，因为公文，她开始对写作感兴趣，并将自己的一篇“东西”寄给了一家仰慕已久的刊物，三个月后她的“处女作”发表了，她收到了那本杂志，还有几百块钱稿酬。一年后，想不到的惊喜接踵而来。单位投票选举十佳青年，为了“回报”佳姐的付出，劳资处的票几乎都投给了她，我们这些同事敬佩佳姐的大气，当然也乐意投她的票。最终，佳姐光荣入选。

从某些方面来讲，佳姐是吃亏了，可她给人留下了友好、大度、重感情、乐于助人等印象，赢得了众人的好感和欣赏，又积累了工作经验。正是因为如此，她的人缘好到爆，事业节节高升，收获了一个前所未有的精彩世界。佳姐的故事，再一次告诉我们——好运不喜欢太精明的女人，吃亏不是什么坏事。

予人玫瑰，温馨了他人，也芳香了自己。

一个聪明的女人懂得灵活地舍弃自己的利益，懂得在一些小事上做出让步，进而赢得广泛的人脉资源，赢得更辉煌的事业及更美好的爱情和婚姻。

是得到还是失去，只有自己清楚，关键看你重视什么。

吃亏，常常让人觉得爽快、大气、可爱，甚至仁慈、修养、温柔，对一个女性而言，这些都是让人喜爱的优势，也是高嫁值的体现。所以，我们不要做“精明”女人，而要学会吃亏，并将之转化为运势和能力，如此，你得到的将不只是智慧，还有日臻成熟的心灵和让人如沐春风的品性。

修行，就是修炼一颗感恩的心

同事君君嫁了一个在外企上班的优质男人，我们曾在单位年终聚会时见过几次，他帅气多金，性格开朗，事业有成，最主要是对君君好，舍得在君君身上花钱。每次出差回来，他都会买各种各样的礼物送给君君。有如此贴心的老公，君君自然倍感欢喜，幸福之余免不了常常在我们面前提及。

我一开始觉得没什么，但时间久了，心态失衡之下忍不住就将君君的老公与自家老公相比，比来比去，心里就有了落差，觉得自家老公不如别人家的。之后，带着严重的心理不平衡，我越看老公越不顺眼，便对老公爱搭不理。老公疑惑之下问我为什么不开心，我幽幽地说："你对我不够好。"

老公愣住了，问："为什么这么说？"

"瞧瞧人家君君的老公，每次出差给君君送礼物不说，过生日也跟结婚似的隆重，"我白了老公一眼，继续说道，"就拿今年君君过生日来说吧，人家老公不但带君君去法国玩了一个星期，而且回来还在一家会所给她办了个PARTY，邀请我们好多同事参加了。你看看你，今年的生日你都没送我礼物！"

我的话一出口，老公便大喊冤枉，他辩解道："你每次过生日，不论我做什么，都不合你的意。前年你过生日，我买来一大堆菜下厨做菜，我一边看菜谱一边做饭，忙活了半天，你说我不浪漫；去年我送了你一束花，你说那东西能当饭吃？净花钱买那些没用的；今年我怕我买的东西又不合你意，反而招你不高兴，就给了你钱，让你自己去买喜欢的东西，你现在又反过来埋怨我对你不够好……"

老公的一番话让我有点理屈词穷，也让我不禁想起曾看过的一个爱情偶像剧：男孩对一个女孩百般呵护，听说女孩喜欢吃一家门店的烤鸭，他加完班后风风火火去买烤鸭，终于赶在店铺关门最后一刻买了一只烤鸭，中途还不小心崴了脚，屁颠屁颠地送给女孩，结果非但没有感动女孩，反而被责怪：“这么晚了瞎跑什么？”连我也忍不住为男孩叫屈，此刻也开始检讨自己。

一位婚姻专家说：“容易幸福的女人，一定是一个懂得欢喜和感恩的女人。”仔细想想，这话很有道理。有些女人总是在抱怨命运不够好，自己得到的不够多，愤然于别人丰富而自己贫穷，别人快乐而自己忧伤，别人幸福而自己孤独。其实，并不是我们得到的太少，而是心越来越不满足了。其实快乐就在身边，我们却习惯视而不见，于是一颗心永远走在寻找幸福的路上……

不知你是不是这样的女人？在别人看来，你活得不错，不算大众美女却也是小家碧玉，没有家资百万却也衣食无忧，家庭稳定，工作稳定，父母健康，爱人体贴，孩子乖巧……但是，你偏偏觉得不幸福。为什么？因为你没有感恩的心，所以才会将所得当作理所当然，一味地苛求、埋怨生活。

不懂得感恩的女人，总是娇气十足，却差了灵气。

我们常说，人生就是一场修行。所谓修行，其实就是修炼一颗感恩的心。人，空手而来，空手而回，一切都是世界的恩赐。这些恩赐没有一样是坏的，我们该感激，从内心感激身边的一切。感恩是一种美德，一种能力，一种让自己幸福的神奇能力。当你试图培养感恩的心态，并付诸实施，你就会发现，眼中所见的都是美好。所以说，感恩与外部条件无关，而是我们内心深处的领悟。

的确，感恩是由内而外的主动表达，当我们热爱、感激我们所拥有的一切时，可以消融许多的不满与不幸，内心豁达而开朗，每时每刻都表现得积极进取。而且，感受他人的恩惠，并予以回报。在感受的同时，我们体会到爱与幸福，在回报的时候我们再将这份爱与幸福传递，也会体会到付出的美好。

看到这里，有些人可能会说我为什么要感恩呢？我从来没有觉得别人帮助过我，生活也没有怎样善待我，我今天所有的一切都是我应该有的。那么，认真地想一想，果真如此吗？你现在拥有的一切都是那么理所当然吗？其实不然。感恩并不难，从你的生活中，处处都有可以感恩的对象。

回想一下，从小时候起，你接受了父母的养育之恩，你是不是应该感谢父母为你提供的这些？上学了，有老师的教育之恩，你是不是应该感谢？当你心情不好,朋友花时间耐心开导你时,你是不是应该感激他们？还有大自然，它为你提供了明媚的阳光、清新的空气，你是不是也应该感谢呢？……如果你拥有了这些，难道还说生活没有厚待你吗？即使你现在每天为工作和生活奔波劳累，你仍要感激，毕竟这些经历会帮助你成长和进步，将是你人生宝贵的财富。

之前的我是一个有些嚣张跋扈的女孩，身为家里唯一的孩子，我一直把爸爸妈妈的爱和付出看作天经地义的事情，有时也会与他人因为意见不合而闹矛盾。后来在一个朋友的引导下，我开始践行每日感恩，并带着这份感激生活！我惊喜地发现，我的内心变得平和，时常洋溢着淡淡的喜悦，和父母的关系和谐了，周围的朋友多了，遇到的好事一个接一个，我的生活发生了很大的改变！

一个懂得感恩的女人，没有理由不快乐。因为懂得感恩的女人，一定善于接纳别人施予她的好，并懂得表达自己对这种好的欢喜和感恩。在待人接物上，她不指望别人给自己种植一片森林，但人家却心甘情愿为她种植一棵浓浓绿荫的树，让她在这片绿荫的庇护下活得幸福快乐。

曾看过一档火遍全国的歌唱比赛，入围的选手个个有实力，有特色，有梦想。最喜欢的那几个都是女子，她们从不哭诉自己的种种不幸遭遇，而总是笑盈盈地站在台上唱歌，然后微笑等待评委的点评。其中一个选手说："有人问我为什么这么快乐，我为什么不快乐呢？我能唱喜欢的歌，我没有理由不快乐！"

其中一位评委意味深长地说："说实话，你不漂亮，身材也不好。"

对于一个女孩来说，这样的评价有些刺耳，但该选手并没有沮丧，而是平静地回答道：“我的嗓子还能歌唱，我的大脑还能思维，我有终生追求的理想，有我爱和爱我的亲人和朋友。最重要的是，我还有一颗感恩的心。这就值得我唱下去，不是吗？”说完，笑容从她的嘴角荡漾开，一种傲然的神情溢满了她的脸。

评委笑着点头，台下掌声响起……

这样的女子，如此饱和明媚，令人动容，不是吗？

既然上帝给了我们一颗美丽的心灵，我们何不用它来感受快乐呢？ 在你烦闷时，亲人的一句问候是一种快乐；在你无助时，朋友的一句鼓励是一种快乐；在你筋疲力尽时，爱人温暖的拥抱是一种快乐……所谓幸福，就是常怀一颗感恩的心。以感恩心处世，足以让我们喜乐而尊贵。

真正高贵的人，既从容，又宽容

你曾经打过别人的脸吗？

你遭遇过被人揭短的事吗？

对这两个问题，我都不希望你告诉我的是“yes”。因为不管是被打脸的，还是揭人短的，都不是好事。还记得民间那句俗语吗？打人不打脸，揭人不揭短。这句话旨在告诫人们，凡事要懂得给人留面子，得饶人处且饶人。

不少年轻的女孩儿，由于涉世不深，教养不够，经常会做出揭人短这种不聪明的事来。我就曾接触过几个这样的咨询者，而且她们的共同感受是，自己并没有错，是对方惹怒了自己，所以自己就要狠狠地回击对方。

我听后会问她们：最终怎么样了呢？你回击了对方之后，自己感到舒服吗？事后再想起来的时候，还感到自己做得很对吗？到最后没有遭到对方的记恨和报复吗？

这几个问题她们个个中招，除了当时让自己痛快之外，之后想起来并没让她们感到有多舒服，反而有些后悔，还有的没过多久就遭到了对方的报复。

这都是做事不明智惹的祸，也是不够大度惹的祸。

生活中总会有一些不和谐的音符——有人可能会不喜欢你、反对你，甚至有人会与你发生一些矛盾、冲突等。这些人的存在，也许会让你感到生活的不顺，会让你的天空蒙上一层阴影。这时候，是选择和对方继续对抗，还是选择宽容，试图与对方和解呢？对一个聪明的女人来讲，她们肯定会选择后者。

我的一个女学员 L 小姐最近遇到了烦恼，一问才得知了事情缘由：

L小姐是一家广告公司的设计师，有一次她被经理安排到外面约见客户，前台小田不知情，给L小姐记了请假，结果月底的时候扣发了工资。L小姐非常气愤地去找小田理论，说："你搞错了吧，我什么时候请假了，凭什么扣发我工资？"

小田去询问了经理，才知道自己搞错了，但是她心想：即使是我搞错了，也是有原因的，你也应该好好说，于是也没给L小姐好听的："公司规定职员因公务外出时，要记得和我说一声，当初你没说我怎么知道。"

L小姐一听气就不打一处来，指责道："是你自己的工作没有做好，你怎么又怨起我来了？你一个小小的前台，说白了就是一个端茶倒水的人，凭什么这么趾高气扬？告诉你，你必须给我补发工资，而且还要向我道歉。"

小田顿时涨红了脸："你怎么这么说话，你……"

就这样，两个人谁也不肯退让，从斗嘴到最后大打出手，同事们为此议论纷纷。

这真是没有硝烟的战场一般，而且两败俱伤！这件事之后，L小姐对自己进行了深刻的反省，她觉得自己再也不能以这种方式来处理矛盾了。为此，她来听了我的讲座，希望我帮助她解决这一问题。我给出的解决方法是，积极地去寻找方法改变，让自己成为一个大气宽容的女孩，退一步海阔天空。

很令人欣慰的是，L小姐在听了我的讲座之后，当即回公司当众向小田诚恳地道了歉，并对其他同事解释说："这件事情不怨小田，是我做得不到位，我外出时没有及时向公司报备，以后我会多多注意的。"这下，L小姐不仅把小田的怒火给浇灭了，还赢得了其他同事的一致赞叹。

一个是两败俱伤，一个是圆满收场，相信我们都能比较出哪种处理方式更好。

没有事情是不能通过和平途径解决的，记得在课堂上，我不止一次地对我的学员们说："就像勺子没有不碰锅沿的，人与人之间难免会产生一些小矛盾。人非圣贤，孰能无过，得饶人处且饶人。一个有教养、有魅力的女人从不会揪着别人的过错不放，更不会打人脸，揭人短，而是选择宽容。”

什么是宽容？分享一个小故事：

路旁，一朵小小的紫罗兰花开了。

有人从路上跑过去时，一只脚踩了紫罗兰。

“你疼吗？”树上的小鸟问。

“虽然很疼，也要宽容一下，人们不是故意踩我的呀！”紫罗兰这样说着，静静地挺直了身躯，然后把身子一晃，好闻的香气浓郁地弥漫开来。

当一只脚踩到了一朵盛开的紫罗兰时，紫罗兰非但不会埋怨，还将一缕幽香留在那只伤害了它的脚上，将芳香撒满人间。踏花的人无情，紫罗兰却有情，这种品质就叫宽容。

在美国留学的时候，我每周六都会随社团去做义工。社团与教会合作，去教会医院看望那些没人照顾又生病的老人，休息的时候，我很喜欢看教会里的那些修女。

她们就像电视上看到的那样，全身包裹着黑衣，胸前挂着十字架，但和电视上不一样的是，她们有一种高贵的气质，这是很多导演拍不出来的感觉（也许因为他们找的是演员，不是真修女）。和她们说话时，她们永远是温和有礼的，愿意解答你的一切问题，哪怕你的问题并不那么礼貌。有人向她们倾诉烦恼时，她们如同邻家的姐姐或婆婆，用慈爱的目光抚慰人的心灵，让人得到平静。

我想，在修女身上，吸引我的正是她们对他人的怜悯与宽容，这是女性永恒的魅力点。

我身边就有一位这样的女性方女士，她是我的同事，在她身上，我总能感觉到修女身上的那种平和与宽厚，所以喜欢与她亲近。她是一个不世故、不流俗的女人，不论对老人还是新人，一样的亲切有礼。即使挤对过她的人，方女士也不会找机会为难对方，她能够谅解对方的心情和难处，直到对方为自己的无礼感到愧疚。除了好脾气，她的能力倒是很一般，相貌也不出众，能够在一个竞争激烈的行业里做到现在，一来归功于她的认真刻苦，二来就是她的好人缘。

有一次方女士不小心扭到脚，要在家休息半个来月。一个周日，我煲了汤放入保温饭盒，带了一份小礼物去她家看望，发现她家里已经坐了好几位同事，还有一位领导赫然在列。看到桌上摆满了给她的礼物（都是一些平常却包含心意的礼物），我对她的敬意更是增加一分，说一个女人“好”，不就是这种情况吗？她出了事，大家都想着她，这都源于她在平日里处处为别人着想，对人总是表现出宽容、理解的态度。就连小孩子也能分辨出谁真心为自己好，何况成人。

人心不是靠武力征服的，而是靠爱和宽容征服。宽容的女人，是人群中的“修”女，她们的修行并非为了某种信仰，而是一种善念，一颗平和的心。是宽容，带走了她们身上的自私、狭隘、粗野、势利等负面心态，而追求一种自然、淳朴、善意的交往方式，而这恰恰让她们产生了巨大的“向心力”。

就像多年前天涯论坛某位女网友的名言：真正高贵的人，既从容，又宽容。这几个词，其实互为因果，相辅相成。一个人心态宽容，容人、容事，还能容纳自己，做起事来自然便从容、有余裕。一个宽容的人摒弃了私心杂念，摒弃了睚眦必报，不去与人为难，内心坦坦荡荡，自然高贵。

愿你活得高贵，嫁值更高。

即使盛放也要懂得收敛

在工作和生活中，我接触过这样一些女性，她们头脑机灵，学识渊博，思维清晰，能言善辩，这些都是女性优良特质的体现。不过我倒觉得，这些聪明的特质也需要用对地方，如果仗着自己优秀，自以为是，盛气凌人，咄咄逼人，那就很容易招致别人的反感，自取其辱，让自己难以下台。

我听过一个女人批评她的下属，刚工作不到半年的新人羞愤难当，最后哭了出来；

我听过一个女人与保洁员针锋相对，直说到经理出面息事宁人，扣了保洁员三天工资；

我听过一个女人在众人面前数落男友，她的男友脸红一阵白一阵，当场说出“分手”；

……

除了摇头叹息，我也实在无能为力。唯一能做的，就是让自己及自己身边的姐妹千万不要做这样的女子。因为这种女人即便再有能力，再优秀，也会显得肤浅、粗俗、愚蠢，让人感觉索然寡味，荒谬无比，甚至会把自己置于犹如“小丑”般的尴尬境地，令人避而远之，如此岂有嫁值可言？！

女人要懂得收敛自己的强势，否则美貌和智慧都会沦为灾难。

为此，我在给女性们授课的时候，会着重表达自己的这一认识。毕竟这个世界总是有一定的规则，我们需要按照规则办事，而有嫁值的女人，就是那些懂得规则的聪明女人。她们有涵养，亲切、善良，尊重他人，不随心所欲，也不会唯我独尊，这种品质恰恰是女人最为美丽的一面。

我认识一位著名的电台主持人，她算业界的一个成功女性了，而且在自己的节目中又掌握了采访中的主导权，但她从不会在言语上摆出骄慢、卖弄和过分张扬的姿态，而是声音细细的，低低的，然后不露声色、不慌不忙地把自己的观点一一道来，把想表达的东西说清楚，然后露出了一个招牌式的笑容。

有人曾经批评她的风格太过温情和小心翼翼，对于这样的评论，她不以为然：“在语言上压住嘉宾是很容易的事情，但这不是我的风格。嘉宾来做节目就是我的客人，我内心会有一份坚守，就是尊重我的嘉宾。”的确，她身上那种自然温和的东西，的确能让人放松下来，嘉宾会滔滔不绝地讲，很愿意把故事告诉她。

涵养，不是一种束缚，而是一种解放，张扬得有板有眼，敛放得当，把女子生命中美好的娇艳释放出来。与这样的女子交往时，人人会感到快乐和满足，自然也是处处契机应缘，和谐圆满。而且，越是志向高远、见识广博，有独立人格的女人，越是如此，进而日益显示出自己的光华。

伊丽莎白女王算不上漂亮，也不再年轻，但她却是全世界万人瞩目的对象，这当然不只是因为她头上那顶皇冠，而是她由内而外散发出来的涵养。尽管是高高在上的女王，但出现在众人面前时，她从来不盛气凌人，而是谨言慎行、非常亲和。例如，她经常去拜访民众，在民众面前，她不时地含笑躬身，双手合十，微笑向大家致意。每个人都会被她吸引，目光一直追随着她。

我还曾在一本杂志上，看过这样一个故事：

在第一次世界大战期间，英国王室为了招待印度的人民领袖，在伦敦隆重地举行了一次晚宴，身为英国女王的伊丽莎白主持这次宴会。就在宴会快要结束时，侍者按照英国惯例为在座每一位客人端来了洗手盘，当时印度客人并不知道这个洗手盘是做什么的，他们看到盘子是非常精致的银制器皿，以为这是喝的水，于是便端起来一饮而尽。当时在场作陪的英国贵族们看到这一幕非常尴尬，不知所措。而伊丽莎白女王不仅没有当众把这件事说穿，而是神色自若地也端起自己面前的洗手水，就好像不明就里的印度人那样“自然而得体”地一饮而尽。接着，在场的所有贵族也纷纷效仿，本来要造成的难堪与尴尬顷刻释放，宴会取得了预期的成功。

山不解释自己的高度，并不影响它的耸立云端；海不解释自己的深度，并不影响它容纳百川；地不解释自己的厚度，但没有谁能取代它万物之本的地位……

作为一个女人，如果你如愿拥有了地位、财富或名声等，那么我要恭喜你，同时，我也要提醒你，千万不要沾沾自喜，自以为是，努力让心态保持平和，随时随地尊重他人，对人捧出你的涵养。当你这么做了，那么你举手投足间都会散发强大的魅力，给人带来一缕温馨，一丝余香，让一切尽在掌握之中。

哪儿有幽默，哪儿就有好运

过去，我常常会和我的朋友们思考这样一个问题：为什么有的女人处处受欢迎，而有些却不能？你已经看过我的一些东西，不会再用那些老套的回答了吧？是的，这和长相、身高、钞票、地位等没有关系。我认为，女人的幽默是很关键的一点。我想，这个观念你一定要接受。

幽默最大的功能是什么？是让他人开心。因为你一句笑话，一个精妙的比喻，一个搞笑的动作，正在发愁的人，正在生病的人，正在愤怒的人，或正在紧张的人，都能在一瞬间松弛自己的神经，发出会心的一笑，体会到那种身心的舒缓与畅快。这样的女人，你说，能不招人喜欢吗？

我喜欢幽默的女人，同时我也发现，幽默的女人并不多，女人总逃不开敏感、情绪化这些评语，好一些的诸如知性、温柔、有涵养。如果听到“×××很幽默”这样的评价，我会顿觉惊喜，非常想要结识这位×××，而且也会乐于给予她更多的尊重、赏识以及种种机会，实因幽默女人太难得。

留学时我曾加入一个文化社团，这个社团既有专业性又有娱乐性，很受在校生欢迎。但想要进入这个社团也不是那么容易，需要经过递申请书、审核申请书、面试、二次面试等步骤，简直像找工作一样。当时，我负责招新工作，报名的人很多，进入最后面试的人足有几十个，而能留下的只有十个左右。

“非常抱歉，你的条件并不适合我们这个团体。”对着其中一个女孩，我说着拒绝人的礼貌用语。

这个女孩却没有灰心失望，反而用欢快的声音对我说：“既然你感到如此抱歉，那是不是会再给我一个机会，更深入地了解我？也许你们会有不同的判断！”

我和几个高年级的前辈都被这句话逗笑了，相互看看，都觉得应该再给她一次机会。于是，我们重新对她提问题，重新商量是否让她加入，最后，这个落选的女孩子靠一句幽默话，得到了我们所有人的认同，幸运地成了我们的伙伴。

好玩吗？还有一个更有意思的呢。

我在某论坛上结识了一位叫丸子的好友，通过多年勤勤恳恳的努力工作，丸子被公司提拔为分公司的经理。这是一件非常值得庆祝的事情，丸子花了将近一个星期的时间准备，在一个非常漂亮的五星级酒店的宴会厅举办庆祝大会，并邀请了将近一百位客人参加，我也很荣幸地被邀参加。

由于丸子精心的安排，聚会进行得非常完美。但有一位同事在敬酒时，居然不小心把那个昂贵的庆功蛋糕打落在地，巧克力和奶油溅得满地都是，这位同事站在那里，顿时不知道如何是好，气氛变得尴尬起来。不过当丸子看到地上破碎的蛋糕时，居然笑出声来。随后，她笑着走到同事面前，一边敬酒，一边幽默地说道：“嗨，原来你是想送给我一个这么大地方的蛋糕呀！”

听到丸子幽默的语句，你一定会会心一笑。在如此紧张的、不尴尬的情况下，她运用幽默轻松地为自己和同事解围，给周围的人以欢乐和愉快感，她给众人留下了多么美好的、深刻的印象不言而喻。

如此出神入“化”的说话方式，如此提高身价的妙方，你怎能不学？但在所有课程中，幽默可是最难学的一项，因为它绝不是简单地制造一些笑料，而是智慧和风趣的体现，素质和品位的体现，包含了太多的因素，需要太多的条件。好在难学并不是不能学，我们还是可以通过自身的调整逐步去培养的。

试着把心放宽

有些人不会说话，你要体谅；有些人有意讽刺，你别计较，这就是心宽。倘若一个女人小肚鸡肠、过于敏感，别人一句无意的话都能琢磨半天，不是自己难受，就是出言反驳，那么在她眼中任何事都不会有“笑点”。幽默的女人却不是这样，她们不会为一句话较真，反而能顺着这句话，说出让大家都捧腹大笑的台词，也就是懂得自嘲，不介意被人打趣。别人取笑她新烫的头发像方便面，她不仅不会生气，还会想到接一句：“没错，新鲜出锅，丝丝柔顺。”

对生活充满热爱

幽默的女人内心是热情的，对生活充满热爱，不管它是否顺利，是否合乎你的心意。她们用积极的心态来面对生活，时刻以快乐的心情拥抱生活，不会因环境患得患失，就连思考时也面带笑容，她们把一切不如意融进一句句自我解嘲之中，开解自己也娱乐他人，在笑声中，化解所有负面情绪。

在这里，我举一个有趣的例子。

1974 年，台湾歌星韩菁清与鳏居的作家梁实秋相恋，一个是堂堂学子，一个是当红歌星，这是雅与俗两条路，而且两人年龄相差将近三十年。因此，这场恋情遭到了双方朋友、亲人们的围攻，韩菁清与梁实秋不胜其烦，但仍然坚持在一起。婚礼当天晚上，因为新房设在韩菁清家，梁实秋不熟悉环境，又是高度近视，没留心撞到墙上。韩菁清出于关心和心疼，立即上前将梁实秋抱了起来，梁实秋笑道：“这下你成‘举人’了。”（把他“举”起来）。韩菁清也风趣地回答说：“你比我强，既是‘进士’（谐音近视），又是状‘元’（谐音撞垣）。”两人相视大笑……

提高自身的才智

真正的幽默感是建立在才智之上的，女人的才智并非一朝一夕能够培养，平时要多多学习，广泛涉猎，集思广益，丰富自己的词汇，空闲时多看看幽默故事、机智故事、脑筋急转弯等，训练思维的敏捷性。如此才能说出机智的语言，诙谐的比喻，让人听了之后觉得有趣有益，又恰到好处。

《不列颠百科全书》被认为是当今世界上最知名、最权威的百科全书，囊括了哲学、数学、医学、考古学等各方面的知识。据说此书最初几版曾收纳“爱情”条目，并用了五页的篇幅来“解说”，内容非常具体。但二战后这一条目被删掉了，在书中新增“原子弹”条目，而且占了原来“爱情”条目的篇幅。

有一位读者为此觉得很不满，气愤地斥责编纂部：“你们是一群多么无知的家伙，你们摒弃了人类最美妙的情感，却热衷于杀人的兵器。”这话可不怎么顺耳，但该书的总编辑约斯特却没有恶语相向，他幽默地做出了这样的解释：“亲爱的读者，你说的一点也不错，爱情的确是一种美妙的情感。所以，对于爱情，读百科全书不如亲身检验；而对于原子弹，亲身尝试不如读这本书好。”

瞧，约斯特的解释幽默又有哲理，令人拍手叫绝！

区分幽默和尖酸

幽默是善意的，是心灵与生活的碰撞激起的火花，这火花既让自己愉悦，也让他人高兴。尖酸却带有恶意，针对他人的缺点做出讽刺、挖苦他人，别人即便笑了，也会觉得你这个人不地道，作为女人，简直恶毒。所以，幽默要看场合，看时间，看人，更要有分寸，不能什么事都取笑。

幽默源自生活，又高于生活，我经常和身边的异性朋友说，懂得幽默的女人，智商都比较高，遇到这种女人就娶了吧。你做到了吗？

Part 5 找到除了爱情外，能让你双脚坚强站立的东西

所谓高嫁值，说白了就是拥有爱的能力和被爱的资本。女人必须找到除了爱情之外，能够使自己用双脚坚强站在大地上的东西，靠自己活出自身的魅力与价值，付得起成本，担得起责任，才真正有资格谈情说爱。好姑娘，请你先谋生，再谋爱。好生活就在眼前，好爱情还会远吗？

你给我爱情就好，面包我自己买

我常去的美甲店里有一个小妹，今年十九岁，她喜欢看偶像剧。虽然还没谈过恋爱，但是她对我说：“谈恋爱一定很浪漫吧，两个人牵着手一起逛街、看电影、去旅游，做很多喜欢的事情……”她一脸天真地幻想着未来的爱情。我实在不忍心敲碎她的美梦，这正是做梦的年纪。我不可以对她说爱情不是偶像剧，不会每天都有那么多的浪漫，不会每天都有那么多的惊喜，过日子才是最重要的。

等她长大，就会懂得，女人的头脑可以充满风花雪月的爱情，但要维持生计、享受生活自然也少不了面包。衣食住行、柴米油盐、煎炒烹炸、锅碗瓢盆、吃喝拉撒……无时无刻，面包不在影响着爱情与婚姻的质量。没有面包做保障，再美好的爱情也是空中楼阁，虽美，却不实用。

写到这儿的时候，我忍不住想起了菁姑娘。她大学时爱上了家境不富裕的小伙子，而且近 30 岁的人仍然三天两头换工作，拿着微薄的工资。父母哪肯看到女儿嫁给一个穷光蛋后受苦受累，但菁姑娘坚持只要有爱就是一切，毕业后遂不顾父母的反对嫁给了对方。两个人在一起你侬我侬，婚后不久菁姑娘就怀孕了。菁姑娘之前就没有上班，现在怀孕更不可能找工作了，而丈夫每月工资只有两千多块，只能满足基本的生活需要。为此，菁姑娘不得不学会如何勒紧裤腰带过日子，半年内没有买过新衣服、化妆品，还经常为了柴米油盐与小商小贩讨价还价。

菁姑娘以为，两个人相爱就行，钱不重要，但现实却给了她重重一击。孩子出生一年后，菁姑娘的母亲突发脑溢血，昏迷两个多月后，总算恢复了意识，可惜身体留下了残疾，半个身子不能动。作为独生女，菁姑娘希望能帮助父母分担一部分生活费，但丈夫却说自己根本背负不起。菁姑娘自然免不了抱怨几句，谁知丈夫居然气呼呼地说：“你不是不在乎受苦受累吗？怎么现在就开始嫌弃我了？若是这样，我劝你干脆去傍一个大款吧！”之后两个人经常因为钱吵架，菁姑娘又气又恼地跟我哭诉说：“到现在我也很爱他，他也爱我。但婚姻光有爱情是不够的，爱情不是面包，不能当饭吃。现在活得这么累、这么尴尬，我真后悔当初没有听父母的话……”

我忍不住想问菁姑娘的老公，一个女孩陪你走过青葱岁月，为了爱情不顾一切和你在一起，陪着你吃苦受累，你还要她无怨无悔，她算不算被辜负？有时候，我也在想：如果菁姑娘能撑起这个家，有自己的一份收入，或有自己的谋生方式，至少能养活自己和孩子，生活会不会好一些？于平凡的女子来说，我们不奢望豪门，但能否在生活遭遇滑铁卢的时候，继续把日子过下去呢？

另外一个，是我大学里面发生的故事。

有个女生很喜欢到处玩，结交各种各样的男生，一起吃饭、去 KTV 等。但是她从不花自己的一分钱，她对我说过，跟男生出去，不用自己掏钱，什么都有，这多省钱啊！因为长得漂亮，她总能得到男生的青睐，那些男生为了讨她的欢心，也乐得给她掏钱。每次路过她寝室楼下，看到她拎着一大包零食或者礼物回来时，她总是跟别人炫耀：“这又是哪个男生送我的，看看，人家对我多好啊。”还有一次，我在她旁边，听到她打电话跟那头的男生说：“如果下个月你还不送我东西，我就再也不理你了，你快走吧！”后来，我从其他的同学那里得到消息，这个女生的情感经历非常坎坷，多次失败不说，还被男的骗过无数次，到现在为止感情都很不顺利。

所以，我希望一心向往爱情的姑娘们都明白，没有面包的爱情寒酸无比，没有爱情的面包索然无味。我们一定要努力生活，至少能养活自己，将来在遇到喜欢的那个人的时候，能骄傲地说：“你给我爱情就好，面包我自己会买”，去赢得对方的尊重和爱。遇见比自己优越的人，不会觉得是高攀了他；遇见了真爱的穷小子，也不会让两人的日子过得太寒酸，如此你就具备了高嫁值。

近两年，我的工作一直排得很满，辛苦是肯定的，但我也很享受这份踏实和自足。我在不断努力，希望每年上一个台阶。颇有意思的是，身边也有许多人跟我说：“女人那么拼干吗？”“你赚钱没够呀？”我通常都不解释，偶尔会随意地说一句：“没办法，天生劳碌的命。”事实上，我赚钱，不是因为我多爱钱，而是我看到了生活充满变数。爱情诚可贵，面包价也高，二者皆重要。我现在最大的幸福是，我可以自由地从自己的口袋里掏钱买书，住温暖的房子，穿漂亮的衣服，吃美味的食物，买任何我想买的东西和我喜欢的一切，撑得起自己想要的爱情和生活。

无数的人都曾告诫过我们，不要把钱看得太重，钱不是万能的，它买不到爱情、健康、快乐、幸福……醒一醒好不好！没有钱我们还能爱多久？很多女人在婚恋关系中之所以处于弱势一方，归根结底，就是因为没有钱。俗话说“吃人嘴短，拿人手软”，很多夫妻吵架的时候，男人最常挂在嘴边的一句话就是：“我天天在外面工作，还不是为了养这个家……”这句话的潜台词就是，我都出钱来养家了，那其他事情不就应该你做吗？你照顾孩子天经地义，你做家务天经地义，你照看父母老人天经地义，你体谅我的种种过错和对家庭及对你的疏忽，同样天经地义！

我经常和身边的女孩子说，和男人在一起时请不要忘了带上自己的钱包，不要需要什么东西时习惯性地和男友或爱人说我喜欢这个、我喜欢那个，这只能让自身价值大大降低。天下没有免费的午餐，爱情同样也是如此。你要学会并习惯为自己喜欢的东西埋单，这样你才有资格得到一份有质量的爱情。

是的，如果你真心爱一个男人，那么不要随意地花他的钱，没有一个人会喜欢只懂取不懂舍的女孩子，自然你也就找不到好男人；如果你不爱一个男人，那么你也不能随意花他的钱，不要把纯洁的爱情悲哀地玷污于铜臭里；

如果你恨一个男人，那么更不要花他的钱，不要把金钱凌驾于自己的尊严之上。

你给我爱情就好，面包我自己买。爱情是爱情，金钱是金钱。这辈子，不因为钱和谁在一起，也不因为钱而离开谁。

当一个姑娘能把控自己的生活时，你就有能力拥有喜欢的一切，多好！

工作中的迷人劲儿胭脂水粉擦不来

有一个学妹，大学期间爱上一个男孩，爱得撕心裂肺的。她每天给男孩写一封情书，表达自己的浓浓爱意，并同步发到自己的微博上，一坚持就是大半年。男孩不胜其烦，不仅无情地拒绝了学妹，最后甚至把收到的情书贴在宿舍下的公告栏里。此事在学校闹得沸沸扬扬的，学妹一时间成了众人嘲笑的对象。学妹深受打击，一蹶不振，迟迟难以走出这个阴影，直到后来经人介绍找到了我。

我很同情这个对爱如此执着的女孩，但又惋惜她把大好时光浪费给了爱情，认真思索一番后，我才劝解道："爱情这件事，不是倾尽所有，就会有好结局，但工作不一样，只要你是真的努力，它定不会辜负你。如果感情让你伤心了，那就去拼命工作吧。例如现在，你大可以利用自己的时间和精力，写点别的东西，而不只是情书。"

在我的建议下，学妹开始坚持把自己每天的想法和出去看到的事情以文字的方式记录下来。就这样，她的文笔得到了很好的锻炼，在别人还在焦虑未来就业何处安放时，她已经在一家报社实习，并在毕业之际顺利地留了下来。听说后来，她与同社的一位男同事互相吸引，谈起了恋爱。

再后来，我不时会和因情失落的女孩们说，如果感情让你伤心了，那就去拼命工作吧，努力工作的女人最美。"努力工作的女人最美"，这是台湾曾最为流行的一句广告语，此语一出立即在社会上引起一阵不小的骚动，不但使职业女性情绪高涨，而且让非职业女性也蠢蠢欲动，还成了男人们评价新时代女性美的重要标准。

为何努力工作的女人最美呢？

首先，现在这个时代，已经没有封建社会时所谓的“男主外，女主内”的说法，更加没有了所谓的“三从四德”。新时代的女人和男人一样有权去择业，去工作，自己赚的钱自己花，自己的生活自己做主，这最能让女人找到人格上的尊严。面对如此自立自强的女人，相信每一个人都会由衷地赞叹她的美丽。

同时，工作让女人不再囿于那狭小的家庭生活空间，可以广泛深入地了解这个社会，如此视界开阔了，心也随之澄明起来，能时常焕发一种蓬勃的气息，一种奔放的精神。当你工作的时候，代表你不是苍老的，你还有年轻的斗志，还有对未来的渴望，让人看上去时时刻刻都容光焕发。

再者，长期的工作和在商界的摸爬滚打，能够使女人更好地发挥自己的才能，体现自身的价值，同时培养出精明干练、沉着果断的性格特点，也可以在不知不觉中培养出内涵和优雅的气质，令言行举止都透着职业女性的成熟和稳重，进而也就会将自己的风采更加完美地展现出来。

瞧见了吧，工作是最不会辜负我们的，每一分付出，每一滴汗水，认真，负责，敬业，勤奋，不一定会立竿见影显示出和别人的差距，但是都会化作我们身上闪亮的、无与伦比的魅力，这是涂多少胭脂水粉都无法做到的。除此之外，还有我们的成就感和荣誉，这会使我们比过去的自己更棒！

有句话说得好：靠山山要倒，靠男人男人也会跑。只有靠自己，那才是最实在的。女人最靠得住的资本是什么？是自己的能力！所谓能力就是赚钱的能力，即拥有一份自己的工作，拥有一份自己的收入，如此我们会在经济上独立，也就更有资格谈人生、讲人格、讲尊严，去定义属于自己的幸福人生。

记得一次，五岁的女儿问我：“妈妈，你为什么上班？”

旁边的婆婆跟女儿说：“因为妈妈要赚钱呀。”

孩子问：“什么是赚钱？”

我当时沉默了，因为不知道怎么回答，这时婆婆回答说：“赚钱可以给你买好多好吃的。”

我不满意婆婆的回答，因为我觉得工作并不仅仅是为了赚钱那么简单，我觉得工作的含义是非常深远的。一个人如果读到大学，60岁退休，那么工作的时间至少会有三十年，这三十年如果只是为了赚钱，那么该多无趣？我们之所以工作，是因为希望在这个社会中有意义、有价值。套句大家熟悉的话，就是自我价值的实现。更直白地说，我热爱工作，是我热爱我自己的一个方式。

我曾经有很多机会放弃工作，但是最终还是没有，是因为我热爱工作中的自己。后来有一天，我找到一个机会跟女儿说："妈妈去上班，是因为妈妈很喜欢自己的工作，喜欢工作时自己的样子。"我原以为孩子不会理解，出乎我的意料，孩子说："我也喜欢工作时候的妈妈！"很显然，这种对工作的热爱是具有一定的感染力的，就连天真无邪的孩子，不需要任何解释也能感受到。

不要认为自己的工作多么平凡，多么低微，依靠自己，在人格上独立，经济上独立，精神上独立的我们不一定会成为人们所说的"女强人"，但是只要我们用心对待自己的工作，就完全可以不断地充实自己、完善自己，使自己的境界不断提升，让自己蕴含无限生机，好好活出人生的价值。

女人的战场不只在职场，也在私人银行

在培训课上，我经常强调的一个观点就是，女人的战场不只在职场，也在私人银行。女人除了能够独立自主挣钱之外，还需要有自己的储蓄。但在这个倡导消费的年代，很多年轻姑娘都崇尚那种小资生活。在她们看来，奢侈品、穿名牌等就是品质生活，为此不惜抛掷重金，只为那一瞬间的洒脱。结果，钱只能“来得快，去得快”，随时会陷入“财务危机”，让自身价值大大降低。

我认识的一位姑娘，叫萍萍。年轻漂亮的萍萍在一家广告公司做公关工作，月工资 7000 元，在二线城市算很不错的收入了，但是萍萍每个月都一毛不剩。原因是，萍萍追求时尚和美丽，爱玩、爱逛街，一发工资她就会去逛商场，各式各样的高档化妆品、不同款式的衣服一买就是一大堆，所以每次到了月底就捉襟见肘。特别是办了信用卡之后，或许是那种不是亲手付出现金的心理作用，萍萍花钱就更肆无忌惮，大手大脚，每个月的消费都严重超支，财务状况变得一塌糊涂。每到月底，萍萍不得不午餐吃泡面、晚餐饿肚子，有时还要找同事、朋友借点钱度日。

这些名贵的包包、亮丽的服饰，使萍萍看起来迷人又高贵，但一想到为了买这些东西，她会啃很长时间的方便面，我就觉得不值得。如果这样是品质生活的话，我宁愿永远都不经历。再后来，因为债务缠身、银行贷款，萍萍经常会变得唉声叹气，愁眉不展，结果被上司指责工作热情低，被客户投诉服务态度差。本来单位有一个优秀的男同事很喜欢萍萍，但得知萍萍为了还银行的欠款，拆了东墙补西墙，高额的循环利息不断累积后，他放弃了。

在他眼里，一个花钱大手大脚，没有积蓄的女人是不理智、不智慧的，很难有一个安全美好的未来，他不愿意被拖后腿。

有一段时间，一本叫作“女人要有钱”的书非常畅销，不仅女人在看，而且男性读者也将之看作“抢手”货。这种现象从侧面可以反映出一个问题：男人对于女人是否会理财还是很关注的。男人希望心爱的女人花钱把自己打扮得漂漂亮亮，但是没有人希望自己的女人是一个“花钱的漏斗”，所有男人都希望自己的女人能够“旺夫”，旺夫就是能带来好运，这个好运更多的就是财运，而不是散尽钱财，难怪有一句话是“拥有金山银山，不如有一个会理财的妻子”。

女孩子要过属于自己的品质生活，必须有自己的积蓄。一个在奢华和拮据之间徘徊的女孩子，做不到真正的高嫁值。可以想象，一个没有任何积蓄的女孩子，何谈洒脱？聪明的女子，明确自己的承受能力，如果她只有一千块钱，她绝对不会去买超过一千元的东西。因为拥有自己的积蓄，她们在需要什么东西的时候，可以轻松地为自己付账，这才是真正的有品质，才算高嫁值。

所以，无论你是一个美女，还是一个才女，除了拥有美貌、学识、能力等外，你还要在银行办一份存折，学会开始储蓄你的金钱，而且这就像保养一样越早越好。看着存款一天天增加，使自己的财富不断增加，这不仅是一件愉快的事情，还能使你的生活有条不紊，在别人眼里，这该是多高的一种嫁值呀！

事实上，有许多女孩子开始的月薪并不高，却生活得十分滋润。别以为她们是被富养的娇娇女，也别以为她们嫁得好，她们只是较早地用自己储蓄的方式管理自己的金钱，先人一步地过上了无忧无虑的小康生活。她们让自己看起来自信、独立、优雅，这样才有资格得到一份有质量的爱情。

当初刚参加工作时，刘晓的月薪只有 3000 元。可能是从小家境不是很好的原因，她很早就意识到女人必须要有自己的储蓄，而不能花掉所有的收入。第一个月，她准备了一个小本，随时把日常的花费详细地记下来，即使一杯豆浆、一个鸡蛋。一个月下来，她知道了自己在哪些地方花销大，哪些地方花销小。等到发工资时，她的第一件事就是留足生活费，把30%的工资存成死期，剩下的钱存在另外一个账户，以备不时之需。就这样，一晃四五年过去了，这期间随着工资的增长，刘晓月存入的金额也随之增多。后来刘晓一查询，那笔死期存款竟然突破了10万大关。

认识到存储的好处，刘晓在咨询银行柜员后，又选择了几个三年定期储蓄，每次约定存入5000元，一年共存4次，到期本金为2万元，利息额为1552.50元。按她的话说，自己现在就是一个隐形的“收租婆”，她利用赚来的那些利息，给自己买衣服、化妆品等，把自己打扮得美美的，还经常出门旅游，看起来没有任何经济苦恼。当然，不要以为刘晓只是财富场上的幸运儿，她的优秀吸引了一位同样有能力的优秀男人，两个人喜结良缘，并准备一起开公司，自己当老板。

这只是一个普通的女人而已，她只是用自己储蓄的方式打理自己的金钱，从而享受着品质生活，遇见了真心爱人。你为什么不呢？也许你会说，自己工资不高，生活哪里不需要消费，哪有多余的钱进行储蓄？然而事实上，你不要小看储蓄理财，哪怕你每个月只存500块，5年的时间就可以存到30000元，这还不包括银行利息，刘晓的“巨款”不也正是这样一分分积攒起来的吗？

各位姐妹们，你可以不会赚大钱，但至少要会存钱——不管你现在多少岁，不管你手里有多少钱，你不仅要在职场上和男人并驾齐驱，也要在存款上努力积累自己的财富。这样的话，能得到“月老儿”的眷顾更好，即使没遇到心目中的“真命天子”，你也不至于让自己生活无着。

丢掉八卦消息，提高财商更实际

小凤是我以前一家单位里的“八卦婆”，这个年轻漂亮的小姑娘，整天没事时就抱着娱乐八卦杂志看个没完没了，而且经常喜欢和我们聊点八卦，比如哪位明星结婚离婚了，谁和谁又闹新绯闻了，谁穿奇装异服了……一次，当小凤向我抱怨自己是“月光族”，没人追没人爱时，我给了她一个建议——“你应该多看一看财经消息，而不是整天抱着娱乐八卦杂志看个没完没了！”

“姐，你不知道这些时尚杂志有多有趣，而且能够让我第一手掌握明星动态。比如，安吉丽娜·朱莉龙凤胎的照片能够满足我的好奇心，它会告诉我辣妹维多利亚·贝克汉姆今天穿的高跟鞋有几英寸，让我知道帕里斯·希尔顿的现任男友是何方神圣……”小凤笑着解释道，“而那些财经消息多枯燥呀，都是些没完没了的数字和永远也看不明白的曲线图表，那些丝毫也激不起我的任何兴趣！”

小凤说得没错，财经消息是远远不如八卦杂志更有趣，八卦杂志里面的内容既有趣又能满足自己的好奇心，而财经消息呈现出来的都是一些枯燥的数字与难懂的曲线图。但是，我想说的是，这些无趣的财经消息要比那些无聊的娱乐八卦有用得多，如果你不是娱记的话，至少那些八卦杂志不会让你的财富翻倍，而财经消息却可以让你的钱包鼓起来，因为财商能助你一臂之力。

有的人这时可能会问：我只知道智商和情商，财商具体是指什么呢？“财商”顾名思义，就是一个人在财富方面的智商，英文表达为 Financial Quotient，简称 FQ，它与智商 IQ、情商 EQ 并驾齐驱，被称为现代社会能力三大不可或缺的素质，其中 FQ 是一种理财智慧，表现为一个人认识金钱和驾驭金钱的能力。

那么怎么开掘和提高自身的财商呢？我的建议就是多关注财经消息，至少对金融、投资、资讯等方面的内容有一个比较系统的了解。你了解得越多，自然就会对投资与理财知识熟悉起来，才不会在投资的问题上做一个盲目无知的跟风者，也才能在机会来临时让自己赚到更多的Money。

通过前面的章节，相信你已经明了，女人的嫁值不能用财富衡量，但可以用财富提升。在财富面前，财商比八卦消息来得更实惠。所以，我经常建议身边的女孩子，别将自己的聪明才智浪费在那些无聊的八卦消息上，它对你没有任何好处，还是想想怎么赚钱更为实在，要将视角转到理财和财经上面来，提高自身的财商。如此，好运自然会降临到你头上，赚钱也并非是难事了。

女人与男人比较，总是更容易相信“一切自有天定”的说法，所以宁愿将决定权交给命运，认为自己的“运数”好坏与否都是早已被上天安排好了的，多做也无用！这些都是错误的，你可以想一下，那些富有的女人真是凭借上天赐予的好运气吗？当然不是，而是她们具有更高的FQ，并且将其发挥到了极致。

我的姑姑是一个相貌平平的中年女子，十几年来兢兢业业地忙家庭、忙工作，后来在朋友的影响下，开始关注电视上的那些财经新闻与理财节目。再后来，无论什么事情，都能被她“算计”到赚钱上。按她自己的话说就是：“我喜欢钱，所以不管看到什么，脑子里第一个反应就是，能不能赚钱。”

比如有一次，姑姑在公司年会上抽奖抽到了韩国免费游，因为那边的产品价格较为便宜，她立马就跟各部门的女同事们联系，答应帮她们代购各种化妆品、服饰和电子数码产品等，记了长长的一串清单。结果，姑姑不仅免费去韩国玩了一圈，还因为帮同事们代购东西，得到了不少“辛苦费”。

再比如有一次，在朋友的生日宴会上，姑姑偶然听说朋友的哥哥有渠道，能以较低的价格拿到澳洲顶级和牛的货源，当时不少人都表示，想私人向朋友的哥哥购买一点。而姑姑则记下了朋友哥哥的联系方式，没过多久就帮开西餐厅的堂叔搭上线，让堂叔从朋友哥哥这里进口和牛。至于姑姑自己，当然也从中得到了不少好处。

还有一次，姑姑的表姐因为和老公吵架，一气之下离家出走，投奔了姑姑。在安慰表姐的过程中，姑姑得知表姐夫家正在筹备一条新鲜蔬菜配送的物流路线，正巧在姑姑家附近也设了一个点。姑姑一边帮表姐和表姐夫调解夫妻矛盾，一边积极打听蔬菜配送生意，最后，表姐和表姐夫和好了，姑姑也如愿入股了几万块到表姐夫家筹备的蔬菜配送物流生意上，顺便还帮退休后赋闲在家的姑父找到一份工作——负责管理附近设立的那个配送点，以致姑父经常半开玩笑地和我说，娶到姑姑简直赚大发了。

看看我的姑姑，你敢说她赚钱凭的全是运气吗？抽中韩国免费游的确是好运气，但如果这个好运气降临在你身上，你会想到可以顺便做代购来赚点辛苦费吗？还是高高兴兴收拾行李就去玩乐了？在朋友生日宴会上，知道朋友哥哥有进口便宜和牛渠道的人不止姑姑一个，可大多数人想到的，仅仅是可以利用这一点来买些便宜的和牛自家吃。至于表姐夫的生意，试想一下，当我们在家长里短，八卦这家的老公那家的孩子时，有多少人能从中注意到任何一点有用的信息？

世界上没有天生的穷女人，有的只是不做理财的懒女人。那些总是叫嚷着自己天生“财商”低，天生就不会理财的女人，不过是在为自己的懒惰找借口罢了。你或许天生不够聪明，你或许天生不够漂亮，你或许确实对金钱不够敏感，但请记住，是否能够学会理财，绝对不是先天基因所决定的。

“财商”靠的是后天培养，远离肥皂剧和娱乐新闻，多去关注理财方面的信息吧。多浏览一些理财方面的网站，多买几本财经方面的书籍看看，每天只需要抽出一点点的时间，坚持下去，你就肯定会学到很多意想不到的知识。就算你成不了“大富豪”，当上“小财女”也能提高嫁值啊。

一份好保险胜过十个好男人

“身边的一些朋友说我很富有，拥有很多财富。其实，真正属于我个人的财富是给自己和亲人买了足够的保险。”每当我说出这样的话，朋友们都会睁大眼睛问：“什么？保险能等于财富吗？”没错！保险能够在你的生命、财产、健康等受到危害时给予你一定的赔偿与帮助，它不也是一种财富吗？

现在很多女性都是自强不息的代表，但忙碌的生活、紧张的工作、竞争的压力、感情的徘徊等，使我们也在不知不觉中从自己的“健康和情感银行”里提前支取美好的未来，再加上我们女性天生感性、细腻、脆弱等特点，随之而来就是心理和生理健康的危机，这在我的诸多咨询者中很是常见。

我不止一次在公共场合劝解身边的女性朋友，女人在奋斗时一定要注重身心健康的发展，为了应对随时可能光顾的各种危机，还需要未雨绸缪，尽早选择一份适合自己的人生保险。只有这样，你才能为人生撑开一把忠诚的、不会落单的“保护伞”，为自己及家人的幸福人生“加码”。

之所以产生这样的意识，是因为我的一段亲身经历。

在青春靓丽的年纪里，我和许多女孩子一样一边努力赚钱，一边享受生活，追求吃得开心，穿得漂亮，还经常通宵K歌，派对。那时因为是实习期间，公司并没有给我入保险，而我个人也觉得自己年纪轻轻、健健康康，没有必要去投保。何况，我认为办理保险合同、索赔手续都是很烦琐的事情。后来，有一段时间我总是无端地感到身心疲倦、小腹疼痛，去医院检查方知自己得了卵巢囊肿。生病了就需要住院，住院了就需要费用，而且当时相关的手术费需要两千多元。

当时的我没有保险，没有存款，只能四处找朋友借钱，才凑够了手术费。一位朋友来探望我时，不无惋惜地说："如果你有一份保险的话就好了，那么住院期间保险公司都会有补助的，你可以节省将近一半的医疗费。"这场病灾让我感触颇深，我开始注重身体健康，养成了良好的生活习惯，同时也认识到保险的重要性。在经过咨询专家后，我后来坚持每月开支1500元进行女性健康保险和养老保险，健康和生活有了保障，我感觉对未来有了更长远的规划和期待值。

女人能撑起半边天，这背后除了要有勤奋和智慧，更要有善于规划的头脑，而保险就是女性给自己人生规划的第一步。

在许多大灾难前，我们往往无能为力。你想，无论是失业、疾病或残疾，家里再有钱，一下子支出一大笔钱，家人以后得省吃俭用吧，生活品质明显下降；家里没钱的话，就算人缘好，能借到钱，面对一大堆经济和人情债务，谁心里能好受？通常情况下，女性的健康危机往往伴随着情感的危机。

一个女人无论发生什么变故，都不能丧失自我的尊严。在我认为，一些保险销售所说的不无道理："保险是自己创造的，当您躺在病床上时，送您1000元的可能是亲戚朋友，送您10000元的可能是兄弟姐妹，送您50000元的是父母和子女，但送您100000元、200000元、500000元……让当事人安心治病，而且不用还的只有保险公司！从这个角度说，保险就是尊严，不是吗？"

有了保险的女人总比没有保险的女人贵重，平时拥有保险的女人在与老公生活在一起时，好像还有另一个情人陪着。一旦意外或重病发生时，一份好保险胜过十个好男人，保险给你带来身价和尊重，给你带来更多的选择和主动，拥有保险的女人更是女性能力和地位提升的体现。

所以，不要认为自己有爱人、儿女或父母，有什么事情他们都会照顾自己。别忘了，感情牢固，爱人也可能变心；孩子孝顺，注定要远走高飞；父母爱护，但终有老去的一天。女人的幸福从来要靠自己，而保险是女人最放心的依赖，是一位从来不会背叛的情人。当你依靠自己的智慧，勇敢面对并成功解决危机，这就是生活中无与伦比的华丽历程，你从中收获的不仅是别人的艳羡，更是自我的尊严。

女人怕老、怕病，最怕是没钱。给自己买一份保险，给自己一份实实在在的保障，就像我们平常所说的，“平时当存钱，有事不缺钱，投资稳赚钱，受益免税钱，破产保住钱，万一领大钱”。等到你的生命、财产、健康出了问题时，你会发现，它永远不会扔下你不管，永远是你温暖的怀抱。

好啦，下面的几个保险分类，你不妨对号入座，看看有没有适合自己的。

单身贵族型：年龄 20 ~ 30 岁之间

如果你目前处于单身，享受单身贵族生活的你是否为自己的未来上一份保险呢？虽然你现在年富力强，有足够的资本为自己赚钱，但是也有做不动的时候，况且你当前的收入还不多，而且也不那么稳定，如果现在不未雨绸缪，到用得着的时候可就悔之晚矣了。所以，为了给自己一个保障，还是给自己买一份保险吧！

考虑到你当前的收入不是很多而且用度又不小，因此在现阶段购买保险的原则应多以保障自己为前提，保费较低的纯保障型寿险再加上住院医疗、防癌险等健康险和意外险就差不多了。对啦，这些保险在许多工作单位是可以提供的，你也可以省去一大笔的开销了。如果你自己还想购买其他的保险，也不妨向保险经纪人做个咨询。不过，一定要意志坚定，千万别被忽悠了才是。

贤妻良母型：年龄在 30 以后

如果你已经步入了婚姻的礼堂，且有生儿育女的打算或者已经生儿育女了，你就应该要为家庭的长远幸福作打算了。在这个时候，你的收入已经基本上处于十分稳定的状态，有能力为家人购买健康医疗、子女教育、退休养老等方面的险种。

一般情况下，这个时期你的家庭处于“基本建设”的初期，但是也要对未来的风险有所认识，所以保障额度需要有较大的提高。出现意外时候不但能够负担房贷、车贷，还要能够确保家人的生活。最好还是采用夫妻互保的方式。还可以选择具有分红性质理财功能的保险，根据保险公司的盈利状况，享受到分红。再搭配你以前所购买的品种，以达到理财和疾病、意外、养老等综合功能。

离异的单亲妈妈：年龄30岁左右

那些遭遇婚姻失败又要承担子女的养育责任的单亲妈妈们是非常伟大的，但是身上所负担的责任是非常繁重的，家庭的经济状况可能也并不十分理想。这个时候，单亲妈妈的健康是最为重要的。如果你一旦病倒，生活可能就无法维持下去。为了更好地保证自己的健康，作为单亲妈妈一定要根据自身的情况给自己买一份健康险。除此之外，还要好好考虑一下孩子的教育费以及医疗费，因此这些费用额度可能都是较大的。所以，你事先一定要对保险有一个基本的了解，弄清楚保障责任、保障利益等内容后，再做决定，以防自己的利益受到不必要的侵害。

此外，除了根据自己所处的年龄、经济状况以及所处的环境去选择合适的保险外，一些专门针对女性自身身体状况的保险，我们也要重视起来。比如，生育期女性的生育保险以及专门为女性设的乳腺癌、卵巢癌、宫颈癌等疾病专用型保险，等等，提前投资，方能及时、及早地受益。

为了保障正常的生活开支，我的建议是，所购买保险的支出占自己家庭收入的10%较为适中，保额上通常为自己或家庭整体年度收入的10倍比较好，这也就是购买保险时常说的“双十原则”。当然，在遵循“双十原则”的情况下，也要根据自己具体的收支状况而定，投保时的保额与保费要符合自己的需要与能力，同时也要选择那些品牌和信誉良好的保险公司。

做了选择，就要一往无前

前几年，我为了拿到三级心理咨询师资格证，需要周末去郊区的一所大学上课，然后工作日回来上班，下班后还要不停地复习备考。一个月下来，这种连轴转的生活让我身心俱惫，我跟当当抱怨这简直不是人过的日子，结果冷不丁被当当泼了冷水：“你完全可以天天轻松上下班，周末舒舒服服在家享受，可是这种生活不是你自己选择的么，没有人强迫你这么做。既然是自己的选择，你也别抱怨。”

我听了无言以对，但是内心深以为然，既然是自己的选择，那就没有什么好抱怨的。所以很长一段时间，我听着姑娘们如泣如诉的哭诉时总会拆台：“当初这不是你自己的选择么，现在有什么好抱怨的。每个人都有选择的权利，无论你的选择是好是坏，是对是错，你必须为这个选择负责。”

面对同样的环境，我们每个人都可以做出自己的选择。而选择的不同，又将决定将来的不同的处境。我们就是自己生活的缔造者，我们在创造自己的生活环境，同时也在创造自己的命运。当一个女人能够将生活的主动权掌握在自己手中，那么她也就能够配得上自己所要拥有的一切，不是吗？

女孩彤大学毕业后决定留在本市工作，而男友却考上了另一个城市的全日制研究生，不提分手也不提未来。彤向男友寻求承诺，男孩闭口不言，彤提出分手男孩则痛苦不已。彤自己也是为难，退后一步决心守着怕等到最后竹篮打水一场空，往前一步想要分开，又怕自己后悔错过良缘，后来彤最终选择了分手。当我问及原因时，彤告诉我，本来是两个人应该一起面对的选择，男友却选择不承担也不拒绝，将选择需要承受的结果全部转嫁在她身上，这其实是一种自私。

“与其承受被动的选择而将自己的命运交给别人摆布，不如选择主动地对自己的人生负责，”彤说，“如果这真是一段错过的良缘，那我也愿赌服输，自己的选择，自己认了，我可不想当怨妇！”这种拎得清的对自己选择负责的态度，倒是给了彤不错的回馈，彤后来真是遇到合适的良人过起岁月静好的日子。倒是当初期期艾艾的前男友，研究生毕业了也高不成低不就地处在待业状态，娶妻生子更是遥遥无期。别说兑现别人幸福生活的诺言，他都给不了自己的人生一个交代。

当我们面临选择的时候，选择a还是选择b好呢？我们总会比来比去，左右权衡，也迟迟做不下决定，表面上是不知道哪个好，担心选亏了，其实背后是不愿承担选择后的责任，害怕承担做出的选择所带来的一切后果。我宁可世界上多一些像彤这样的姑娘，勇于做出选择，也敢于承担责任，主动决定自己命运的出路，而非或软弱或自私地被动地将选择置于别人手上逃避责任最后被动承受。

学会对自己的选择负责，就是对自己的人生负责。

你想离家去外地工作，有人会说外面辛苦还挣不到钱，不如在家里享个安乐；当你想把精力放在工作上，有人又会说年纪大了嫁不出去，趁年轻把自己嫁了；你想多了解一下男朋友，但却被催着早点结婚。这些选择并没有对错之分，不管你选择了哪个方向，都是对的选择，因为这符合你的心愿，为这个决定承担后果，敢于去为自己负责任，这才是最关键的问题。

“自己选择的路，跪着也要走下去”，这是当当用得最久的一条QQ个人说明。

临近大学毕业时，最令当当头疼的就是工作问题。因为她是独生女，父母希望她回到老家所在的小城市，安安稳稳地工作，但她想留在大城市轰轰烈烈地拼搏。为此，不仅父母轮番给她做工作，还叫了亲人和她的朋友给她做工作，用种种方式向她施加压力，但当当却坚持留在京都。一没钱，二没关系，想要在北京打拼出一片天地，谈何容易，但当当硬是跌跌撞撞，一路成长。

为了省钱，当当最初租住在北京五环外的一个小区，每天上下班要花费四个小时，晚上6点准时下班，到家都要8点了，小区里都有吃过饭出来散步的人了。有时晚上要在公司加班，过了10点到地铁站就没有公交车了，就要打黑车。因为路上害怕，她只好一路上和天南海北的朋友们聊语音。后来工资涨了，当当才搬家到离公司不远的地方，直到后来有了房子她还笑谈那段忐忑经历。

再后来事业正顺风顺水时，当当却辞职成立了公司，其间一个投资项目出现了很大的决策失误，给公司造成了极大的经济损失，资金面临严重短缺。面对这一变故，别人都说当当不该辞职，当当却没有后悔，而是说：自己选择的路，跪着也要走下去。最终她选择默默承受，把自己从银行的贷款和向朋友筹借的资金全部投到公司中，为公司的运营继续注入血液。凭着这份坚韧，她挺过了那段艰辛，扛住了一切。

“不要指望别人能为你选择，也不要把你的选择当成负担或牺牲，既然选择了，就该为你的选择负责。自己选择的路，跪着也要走下去。一路走来，我一直信奉这样的人生信条，并身体力行。很高兴，这一路虽然走得艰辛，我却很有成就感。”当当说这番话的时候，我能看到她眼中闪动的光芒。

“自己选择的路，跪着也要走下去”，或许我们不用这样决绝，但至少这是对自己的一种负责任的态度。每个人都应该为自己的生命负责，这真的很重要，如果总想别人来替你决定，你就把自己的力量给了别人。当你越来越多把力量给别人，寄希望于他人，你就会收到更多的失望和不如意。

但愿所有的姑娘都能尽早明白这一道理。

美好人生，从不需要他人开始

有一回，我和当当在韩国的一个小岛上旅行。那是一个夏天的夜晚，我们坐在沙滩上，听着海浪的喧响，远方海港的灯火明明灭灭，我们聊到了男人。

我问："我们努力修炼，就是为了嫁一个更好的男人？"

当当说："不，我们努力修炼，是为了不需要一个男人。"

我真想为当当的这句话拍案叫绝，也想告诉所有的女孩，世界如此精彩，为什么非要放弃自由，与一个男人绑在一处？我们不是婚姻的牺牲品，即使没有爱情，没有男人，我们一样可以活得非常好。美好人生从不需要男人开始，进一步说，从不需要任何人开始，女人啊，一定要自立自强。

偶像剧里的那些美女如果遇到难处，一定有坚强的后盾挺身而出；武侠剧里女主角遇到危险，总是会有英雄出手相助；童话故事里，白雪公主会遇到王子、七个小矮人……

生活中，女人总是被冠以"弱者"的称号，这是因为，在家庭生活中，不少女人要依赖丈夫才能支撑起整个家庭；在工作当中，女人很少被当作"决策者"，更多时候都是充当"执行者"的角色；就连在公共场合，人们都习惯"女士优先"……这些现象都客观地将我们女人摆在了"弱"的一方。

然而，我们一定要清楚一点：人生不是电视剧，不是小说，更不是童话。生活中也许你会得到别人的恩惠和庇护，但这些都是一时的，没有谁能长久地保护你。我见过一些女人因为习惯了依赖别人，一旦遇到一些困难就希望能有人帮自己一把。等到孤立无援的时候，又开始抱怨命运的不公。

前几天一大学同学加我微信，问我能不能借钱给她。我们之前联系很少，突然联系就是借钱，这种功利性的行为让我有些不舒服，于是婉言拒绝了她。过了一会儿看朋友圈，她更新了动态，大意是：认识人多有什么用，有困难谁会帮你，谁真正在乎你，把你当朋友。看样子她是没有借到钱，其实我看她这样说时没什么感觉，只是觉得很幼稚，说出来不但于事无补，还会让真正在乎自己的人寒心。

不禁想到了《甄嬛传》里的一句话：“别人帮你，那是情分，不帮你，那是本分”，我一直觉得这句话很适用。帮忙这件事本来就是很主观的，不要总把希望放在别人身上，人家帮你，那是看在从前的情分上，不帮你，你也挑不得理，毕竟每个人都有自己的事情，没有人应该或者必须去帮你。如果把有求于人变成了强加于人，这就有些不合理甚至是过分了，最后受伤的肯定还是自己。

高嫁值的女人，从来都不承认自己的名字是“弱者”，也从不会将自己的命运寄托到别人身上。她们有着与众不同的独立意识，有着属于自己的理想和追求，更有着一颗坚强而善良的心。她们习惯于把自己的命运掌握在自己手中，会努力使自身的力量更加强大，铸就无可匹敌的美丽。

米歇尔出生于受着种族歧视的黑人家庭，童年始终伴随着贫穷，父亲是锅炉维修工，母亲是家庭主妇，家里只有一间卧室，她和哥哥不得不睡在阁楼上。生活如此艰辛，但是父亲却一直不肯接受任何人的救助，他曾告诉米歇尔：“不管什么时候，你都要相信，你可以依靠自己改变命运。”独自养家的父亲一直是米歇尔的偶像，她在一次演讲中说，父亲在生了一场大病后仍然坚持工作，即使手脚不灵便也要自己穿衣服，那个景象深深地触动了她，并影响至今。

米歇尔在艰难的环境中刻苦地学习，尽管时常遭遇种族歧视，但她坚信，人人都有均等成功机会，最终她一步步地实现了华美人生。简单概括一下年轻的米歇尔姑娘吧，她就是我们从小听说的，那种县级、市级高考状元，女学霸，学霸最后一直通关成为女博士。再后来，米歇尔和奥巴马因为工作结识，她的自强吸引了当时在米歇尔任职的事务所实习的奥巴马，然后成了美国的第一夫人。

一次，米歇尔去花店买花，花店老板打趣道：“你真幸运，嫁给了美国总统！”

米歇尔微微一笑说：“要是我嫁给你，你就是美国总统！”

帕洛玛·毕加索是西班牙著名画家毕加索最小的女儿，也许是最年幼的孩子，帕洛玛从小备受父亲的疼爱，但她却不愿沾父亲的光，她说：“父亲的名字确曾使我轻易地克服各种障碍，办事极为方便。然而，我不认为金钱和声誉能使一个人最终获得成功。我认为，成功要靠自己努力。”于是，她毅然改掉自己的姓名，并通过自己的奋斗，成了一名很受欢迎的服装设计师。

与其浪费时间去依赖别人，不如花时间来强大自己。

女人只能让自己变得更强大，才能左右自己的命运。

依靠自己的力量，去造就一个自强不息傲然挺立的我。

依靠自己的力量，去寻找一份真正属于自己的天空。

依靠自己的力量，用最亮丽的色彩去描绘人生的蓝图。

Part 6 心有所定，分得清情，也懂得爱

不乱于心，拒万般诱惑，赢一人之心；不困于情，情开如烈火，别恨只道无。这样聪明的女子，爱与不爱都收放自如，她自有本事打一手好牌。这样自爱的姑娘，能真正赢得男人的心，获得正人君子的赏识。分得清情，也懂得爱，当爱得清清楚楚明明白白时，那幸福生活也就真真切切了，也一定能使自己变得“嫁”值连城。

对善意欣赏你的男子回报浅浅的微笑

中学语文课上，颇有才情的女老师讲周敦颐的《爱莲说》，我迄今还记得她字字珠玑：

“莲花之质，中通外直；莲花之性，不蔓不枝；莲花之雅，香远益清；莲花之姿，亭亭净植……”最后，她意味深长地说：“这篇课文大家一定要认真背诵。特别是女孩子，一句‘可远观而不可亵玩焉’，就能让你们受益终身。”

我在很久以后，才终于明白这位老师的意思。

可远观不可亵玩，矜持是一种高贵的自重，这样的女人嫁值才高。

所以，我在很多时候会提醒女性朋友，女人要矜持，要有高姿态。要保持清醒的头脑，知道自己要什么，不要什么。对于自己不需要的，哪怕再怎么绚丽，也不要被诱惑、被蛊惑。当一个女性能够懂得自持的时候，那么她的魅力光环将会更加闪耀。同时，这样的女性也更容易取得生活和事业的成功。

英国的一位研究人员做过一个实验：他分给 10 个孩子每人一块糖果，让他们拿在手里，3 个小时之后再吃。发完后，他离开了。3 个小时之后再来看，只有一个孩子的手里还握着糖果，其他九个都已经因抵御不了诱惑而下肚了。20 年之后，这位研究人员又把那 10 个人叫到一起，结果发现那个唯一没有吃掉糖果的孩子的成就最大。他已经成为一个企业的核心人物。对于这一结论，研究者说：“人只有经得起诱惑和等待，用坚忍的毅力克制欲望，才能成就一番事业，而为眼前的蝇头小利或为图片刻欢乐与刺激而不顾一切的人，注定是不能做成什么大事的。”

小小年纪的孩子能否抵御糖果的诱惑，验证了自控能力对于人的性格、行为塑造及其所带来的结果是成功，还是失败。可见，能否抵御诱惑，其影响真是至关重要！

对于年轻女性来说，并不乏诱惑的存在。小时候可能只是一块糖果，一个玩具，而大了后则更为宽泛：有金钱、名誉、地位的诱惑，更有爱的诱惑。矜持的女人不会因爱失去原则，既不冷傲得令人无法亲近，又不随便得让人轻易进入内心。对于爱，绝不随便接受，也绝不盲目投入。

在这里，听听我的朋友茉莉的故事吧。

茉莉的家境不好，读大学的钱都是父母东拼西凑的，大学毕业后，她在南方一家报社上班。报社的规模不大，给的薪水也不高，可茉莉很知足，每天勤勤恳恳地工作着。若说漂亮，茉莉的确谈不上。可她有一股清新纯净的气息，配上瘦弱的身躯，总让人忍不住想要保护她，再加上正当青春，身边的一些男性经常向茉莉献媚，茉莉却丝毫不理睬，总是淡然一笑，继续做自己的事情。文总是该报社的一个重要广告客户，三十来岁，单身，他与茉莉有过几次接触，在这个25岁女孩的身上似乎找到了自己的青春。随后，对茉莉展开了热烈的追求，买花、送礼物、邀请她吃西餐、看电影，多少女孩子梦寐以求的事，茉莉依然不为所动，还是微笑着回绝。

这个文总有点沮丧，也有点好奇，他从来没有遇到过这样的女孩，竟然真的能看淡名利，没有丝毫的虚荣。他没有放弃，开始更深入地去了解茉莉。渐渐地，他发现这个女孩很少逛街，衣服也不多，不去泡吧，反倒经常下班之后会去书店看书。文总更喜欢茉莉了，他觉得这个年代像茉莉一样的女孩，实在太难得。一年的时间里，文总对茉莉依旧很好，只是他不再送那些玫瑰，而是送一些书，和茉莉一同参加书友会。就这样，茉莉被文总打动了，最终嫁给了他。后来，我问茉莉："为什么文总追你时，你要拒绝呢？换成别的女孩，早就接受了。"茉莉淡淡地笑着，说道："小时候，我妈妈就告诉我，女孩要像明珠一样，混于泥土却依然光洁明亮。"

茉莉，人如其名，散发着淡淡的幽香。可她着实更像是一朵小荷，出淤泥而不染，濯清涟而不妖。面对诸多追求自己的男人，她不仅没有被迷惑得眼花缭乱、晕头转向，从而失去判断能力，而且始终珍爱自己，可以从容淡雅地拒绝，不为所动，这样的女子无疑是一道别样的风景。

台湾歌手奶茶有一首歌叫作《因为寂寞》，里面唱道："会爱上他只是因为我寂寞，虽然我从来不说，我不说你们也该懂；其实他会爱上我，也是因为他寂寞，因为受不住冷落，空虚的时候好有个寄托……"简简单单的几句话，道出了五光十色的爱情中，多少女人的缩影？也正因为这种态度，爱情反而离她们越来越远。

对于善意欣赏你的男子，只需回报浅浅的微笑即可。

爱情不是玩偶，喜欢时挥之即来，玩腻时随手抛弃。一个懂得矜持的女人，才不会完全地沦丧，才有着待价而沽的资本。在没有确定对的那个人之前，一定会坚守住寂寞，学会拒绝诱惑，保持自己矜持的高贵，也给自己更多选择的机会。毕竟，爱情从来都是一件美好的事，都是一件百转千回的事。

每一段爱情佳话的背后，多多少少都蕴藏着一段美丽的等待。

1991 年初夏的一天，现任中国作协主席铁凝去看望著名女作家冰心。那一年，铁凝 34 岁，冰心老人 90 岁。中国两代优秀的女作家，进行了一番奇妙对话：

"你有男朋友了吗？"冰心问铁凝。

"还没找呢。"铁凝回答。

"你不要找，你要等。"冰心老人说。

铁凝记住了冰心老人的话，而这一等，就是 16 年。

2007 年 4 月 26 日，铁凝与经济学家华生结为秦晋之好，这是五十岁的铁凝第一次品尝婚姻的甜蜜。这个消息，顿时轰动了整个文坛。谈到对这次爱情的评价，铁凝说："一个人在等，一个人也没有找，这就是我跟华生这些年的状态。我说对爱情要有耐心，永远不要放弃自己的期待。"

这多么像书中描绘的那样：“于千万人之中遇见你所遇见的人，于千万年之中，时间的无涯的荒野里，没有早一步，也没有晚一步，刚巧赶上了，那也没有别的话可说，唯有轻轻地问一句：噢，你也在这里吗？”铁凝淡定地守候着，她的爱情之花，从开始到现在一直美艳如初。

是的，真正的爱情和长久的幸福，绝不是为了结婚而结婚的关系，也不是委曲求全的勉强结合，而是顺其自然，水到渠成。如果那个人没有出现，不要急躁，不要凑合，更不要委曲求全，等等，再等等。

亲爱的，你一定要相信，你永远都等得起一份对的感情。

亲爱的，你也不必害怕，岁月有的是时间，让你遇见更好的人。

所谓的万般无奈，不过是还不够爱

睡过午觉后，我一边在跑步机上运动一边看电视，两个年轻的男女正争论不休。

女：“我们什么时候结婚？”

男：“我真的很爱你，但暂时不能结婚。”

女：“为什么？”

男：“我妈说你是农村的。我是我爸妈的骄傲，他们面子上过不去。”

女：“农村怎么了？我家经济条件不差，而且，我自幼就在城市上学，有见识、有学识，难不成会给你丢人现眼吗？”

男：“父母都是为了我好，我也是无可奈何。更何况，你家和我家隔着几千里，这样的异地恋我们都很辛苦。”

女：“我已经和单位说好了，很快就调到你这里工作。”

男：“你学历不高，工作也一般，以后基本上就是我一个人扛着家了。那时候我爸就是一个人撑着家，所以他们不想我再受累，我也担心你跟着我吃苦。等我条件好了再说吧，你要理解我的无奈……”

我不管他们中间的各种奇葩故事，只是这样的一个狗血故事让我想到一个关于感情的体会：所谓的万般无奈，不过是还不够爱。

我想告诉这位姑娘的是，你可能是他现阶段遇到的一个让他觉得各方面都不错的女人，又温柔以待，他既能享受到爱情温暖美好的一面，又用不着面对婚姻中琐碎繁杂的一面。他待你或许也并非一点诚意没有，但绝对不足秤。你跟他做个搭伴儿排遣寂寞就算了，别当真，要是还想嫁，趁早断了吧。

男人比女人要理性得多，在遇到重大选择、决定去留取舍时，男人往往会清醒地意识到，并且至少跟自己承认，有些东西比爱情重要。但很少有男人肯承认自己不够爱，大家都愿意显得情深情重，而不是情薄情淡，所以会本能地寻找理由，这时候“无奈”是最好的遮挡。我不是不爱，是没办法。

真正爱你的人，绝不会离开你。他纵有千百个理由放弃，也总会找一个理由坚持下去。亲爱的姑娘们，这一点请一定记住。

认识十几年的好友虹虹决定要回东北老家去了，因为她的公公婆婆年龄大了，需要照顾。那是一个偏远的三线城市，各方面发展自然不如在北京好。而且虹虹这边的事业已经成熟，回老家意味着从头开始。但是为了她的先生，她愿意一起回去。因为想当年，她先生也是这样执着地选择跟她一起。说起来，虹虹也是有故事的女人。

当年虹虹与她先生热恋几年准备结婚，婆婆拿着她和先生的生辰八字去算命，结果人家说两个人八字不合，不能结婚。老人很相信这个，坚决不同意他们结婚。那时候虹虹和她先生都才二十出头，他们不信这个，与父母争论、解释都没用，后来婆婆干脆在家一哭二闹三上吊，搞得人心惶惶。虹虹的父母也气不过，让她分手，但她先生却舍不得，“管什么生辰八字，都是迷信，这辈子我就是想跟你在一起，无论如何也要在一起”。他一边耐心安抚着自己的父母，一边再三向虹虹的父母保证，绝对不会辜负虹虹。后来为了生活在一起，他们就跑到北京来打工了，两个人都不曾想过要离开对方，一起找工作，做生意，生孩子，买房子……也过上了小康生活。他们忤逆了中华五千年的生辰八字，十多年过去了，无论他们的小家还是婆婆老家，一切正常，既没发生人间惨事，也没发生重大事故，辛苦着、幸福着、平淡着、温馨着。

还有我乡下的一个远房表妹，家境不好，却认识了一个城里男人。我的这位妹夫家里条件很好，但从一开始他就没有嫌弃过表妹是农村人，家境不好等，而是一路帮衬表妹家里，供弟妹上学，给她家出钱修房，还带着表妹家人出国旅游。如今夫妻俩的事业做得红红火火的，公司经营得风生水起。一次和我聊天时，妹夫感慨地说：“我就是喜欢她这个人，从来没有想过其他的。她家条件是不好，但这刺激了我努力去开创事业，这样帮她一起把家里照顾好，她家里人过好了，她跟着我才更幸福。”

八字也好，买房也好，异地太远，父母不同意，学历不匹配……讲真，以上都是借口好吗？因为不够爱，不想爱了，才会找这些冠冕堂皇的理由当借口。真心爱你的那个人，不会想离开的借口，只会想走下去的理由，把你规划到他的未来人生里。只想跟你一起经营未来生活，努力让你过得更好。

一个男人有多爱你，就有多怜惜你，就有多尊重你。不舍得你难过，不舍得你受委屈，呵护你的小情绪，保护着你从始至终，这样的爱，才高贵。如果你不幸经历过“不够爱”的爱，那也不是什么坏事，它会在比较中映衬出你遇到的“够爱”，在“够爱”来临时，惜之重之，绝不错失。

不是拼命对一个人好，他就会领你的情

环环是第一份工作时的同事，一个明眸皓齿的姑娘。环环平时恬静少语，但只要一聊起D君时，她整个人都不一样了，眼睛里熠熠生辉。在环环的口中，我得知D君是她的大学学长，品学兼优，阳光俊朗，家境富裕，两个人时常联系，有待发展为恋人。我在想，环环真是好福气，遇上这么优秀的男人。但一天中午，我起身去接开水时，却看到环环正趴在办公桌上低声哭泣。

“怎么了？”我轻抚着环环的肩膀，递上一盒纸巾。

在环环断断续续的诉说中，我走进了她的爱情。

从大学时，环环就一直追求D君，并处于一种主动付出的状态，经常给他打饭、洗衣服、洗袜子，但D君的态度始终不冷不热。毕业后，两人在同一个城市工作，环环更是变本加厉地对D君好，每天对他嘘寒问暖，每天主动打电话给他，只想多听他说一句话；他经常加班，她就下班后，赶紧煮饭做菜给他送过去……但D君却说：“你不要烦我了，我俩真的不合适”，之后打电话不接，再后来干脆关机。

环环很委屈，眼泪大把大把地往下洒：“我对他那么好，我觉得他早晚有一天会感动的。可是，姐，为什么我越对他好，他越不在意我？为什么我想亲近他，他却很抗拒？为什么我为他付出那么多，他却这样对我？”

我忍不住对环环泼了冷水，“恋爱如下棋，你一步一步地主动出击，以为这样自己会赢来最终的胜利，可对手却弃子而逃。”我最想对环环说的话未说出口。我想说，他不爱你，所以你对他再好，也只是枉然。其实人家也没有对不起你，只是……你高估了自己在别人心目中的地位。

通常一个女人对男人产生好感以后，一种惯性思维和情感推着她往前走——仿佛有个声音不停地在对她说——“对他好一点，再好一点”，仿佛如果不对他好上加好，就不足以表达自己的爱，自己的炽热。而且，我们都有这样一个误解：以为拼命对一个人好，对方就会反过来爱你。

看上去合情又合理，可很多时候往往是得不偿失。为什么？

爱情，和感动、同情从来不是一回事。拼命对一个人好，生怕做错一点对方就不喜欢你，这不是爱，而是取悦。取悦，呈现出的感觉是离不开别人——你离不开我，所以才会对我这么好！时间久了，那个人是会习惯的，然后把这一切看作是理所应当，对你的要求越来越多。当你不断牺牲自我，爱得越来越卑微，他就会把你当作一个负担，一个累赘，甚至寻机将你一脚踢开。

爱不是一厢情愿，而是两情相悦，卑微是留不住人心的，例如张爱玲对胡兰成。

冷傲的眼神、倔强的性格、卓越的才华，张爱玲原本是一个高嫁值的女子，但是在胡兰成面前她像一个情窦初开的小女孩，羞涩的，快乐的，还有些胆怯，生怕爱人因为自己做得不好而伤心离去；她从上海跑到温州去看他，低眉顺眼地坐在他跟前，只为了听他说五六个小时的话……但是胡兰成呢？他一副胜利在握的姿态，在赞美她的时候也一样赞美着别的女人；与她在一起时，甚至还偷偷与其他女人密会……胡兰成固然是错，但张爱玲的卑微是不是一直在给他犯错的机会呢？

其实，在俗世的感情里难免会有现实的一面，你本身先得有价值，你的付出才会有人来重视。哪怕你真的很爱很爱这个男人，哪怕这个男子多么优秀，你也不能被冲昏头脑，一味地付出自己的全部。没有哪个男人值得你用生命去讨好，你若不爱自己，只会无意中给男人看低自己的机会。

爱情是需要尊严与平等的，这不是所谓的门当户对，而是一种在同一个起点的互动，彼此关心、爱护、照顾，以及心与心的交流。有一句话是“宁可高傲地发霉，不去卑微地恋爱”，任何时候，女子都不能卑贱地爱，要爱得不卑不亢，这样才能让男子又爱又敬，也值得拥有更好的生活。

美国现代著名女作家玛格丽特・米切尔是我很欣赏的一位女性，我不止一次地拜读其小说《飘》（由小说改编的电影名为《乱世佳人》），也感慨她的传奇故事。

由于母亲早逝，玛格丽特不得不从中学辍学操持家务，如同《飘》中的女主人公郝思嘉一样，她生来就有一种反叛的气质。成年后凭着一时的冲动，玛格丽特嫁给了酒商厄普肖，但这段婚姻不久便以失败告终。与其说是厄普肖冷酷无情、酗酒成性的原因，不如说是玛格丽特的婚姻爱情观的具体体现。因为尽管知道厄普肖有不少缺陷，她仍深深地迷恋于对方，甚至是一种仰天崇拜的姿势，这无疑助长了厄普肖的狂放不羁，对玛格丽特越来越不在乎，冷淡她，甚至粗鲁地对待她。

这场婚姻的不幸让玛格丽特明白了，拼命对一个人好，爱情的天平会严重倾斜。之后，她很快便重新振作，嫁给了记者约翰・马什。玛格丽特打破当时的惯例，在门牌上写下了两个人的名字，她说："我要告诉所有人，里面住着的是两个主人，他们是完全平等的。"更让守旧的亚特兰大社交界惊讶的是，她不从夫姓。好在约翰・马什也提倡夫妻之间的平等，同他的这次结合是玛格丽特的幸运。马什一直支持和深爱玛格丽特，也正是在他的鼓励和支持下，玛格丽特开始从事她所喜欢的写作，十年后《飘》正式出版，她一夜成名，并如此宣称："没有哪个男人可以摧毁你的美丽，只有你自己，没有哪个男人可以践踏你的尊严，除非你甘愿下贱。"

没有哪个人比你的生命更重要，也没有哪场爱情会比你的尊严更重要。在情感面前，人人都是平等的，完完全全平等的。这里的平等，包括双方的人格精神平等，爱情姿态平等，婚姻权利平等。无论是血统高贵的王子，还是炉灶边的灰姑娘。你有选择的权利，我亦有拒绝的权利，如此才不失尊严。

保持平等的姿态，做高嫁值的女人。

你喜欢酷，还是足够的温度

同小区里有一个我小学同学，女的，很瘦，很漂亮。我的印象一直停留在她人好，会穿衣服，读书很好，听说考上了名牌大学，后来听说做了公务员。可是当我们有次在小区邂逅的时候，我认识了她的男朋友，当时我真有种一朵鲜花插牛粪的感觉。因为那个男人也是我的小学同学，我记得，他很少和同学们交往，而且老是打架斗殴。只要和人有一点冲突，他就大吼大叫，扬言干一架不可。

那天相遇，他也完全没有老同学见面的喜悦，态度冷冰冰的，有一句没一句。

我曾私下问这位女同学："你条件那么好，怎么选择了他？"

她反问："你不觉得他很酷吗？"

我无奈摇晃着脑袋，可怜一个美女喜欢一个"酷"男生的悲哀。

有句俗语想必大家都很熟悉，即"男人不坏，女人不爱"，这好像也成了男女感情世界里颠扑不破的真理。大多女孩喜欢酷酷的坏男人，例如冷傲、强势、霸道、仗义等，为什么会这样呢？我想，无非是这种男人活得更潇洒、更超脱、更随心，更容易使女人得到放松，感到新奇。

但各位伟大的女同胞们，如果你们凭此以为这样的男人就是你们心目中的理想型，那就大错特错了。网上不是流行一句话嘛："如果你喜欢酷的男人，意味着将来沟通一定会出大问题，他会酷到懒得理你。"所以，有很多女人嫁给了这样的男人，婚后都过得清苦也就不足为奇了。

你喜欢酷，还是足够的温度？

一个女人的品位在于选择什么样的男人，选择了什么样的男人就等于选择了什么样的人生，也就决定了嫁值的高低。所以，嫁人是有技巧的，需要仔细挑选才是，如果你能慧眼识金，从茫茫人海中有幸找到了属于你生命中的那棵“树”，你后半生的生命之树会因此而福延百年、溢满精彩。

根据多年的观察，我的建议是，要嫁就嫁37℃男人。37℃男人，顾名思义，温度刚刚好，倘若低一度，36℃太过于理性和冷漠；高一度呢，38℃又过于热情和轻浮。37℃男人虽然不是什么男人中的极品，但是如此贴近体温、靠近温暖的温度，这样的男人是最能让女人舒心、省心、放心的。

当爱情来敲门的时候，好好审视下眼前的男人吧。

那么如何鉴别37℃男人？主要标签如下：

不温不火的好脾气

37℃男人最大的优点是心理健康，脾气不温不火，这是很重要的一条标准，既有温情脉脉的一面，也有男人刚烈的一面。也就是说，他可能平常都是一副温文尔雅的样子，对你也非常关心体贴。但是在你做错了某件事，或者受到欺负的时候，他也会发脾气，而这一切也不过是爱你的表现，这样的男人才值得嫁。那种动辄暴跳如雷，叫嚷你，对你不理不睬，伤你自尊的男人，千万别嫁。

有事业心但不是工作狂

无论时代如何改变，男人都应该具备事业心，这样才能给女人提供足够的安全感。但事业心太重的男人也不是理想男人，因为太看重事业，他用在家庭上的心思就会很少，你期待着他对你温柔体贴、宠爱有加，往往只是一种奢望。37℃男人有事业心，但不为事业所累，不管再忙再累，也会享受温馨的家庭生活，孝敬父母、爱护妻儿，重视感情交流，乐于为家庭奉献等。

例如，“一代宗师”叶问是大家眼中的大侠，时局不稳，他有太多的事情要做，例如每天对着木桩子练习咏春拳，教武馆的众多徒弟习武打斗。他明明那般忙碌，待他妻子却十分有心，永远记得回家吃饭，抽时间陪她去学跳舞，给她讲笑话逗她开心。在妻子面前的他，那么温和，温和到能将一切都融化掉。这样的男人堪称完美，众多女性甚至大声喊出了“找老公就找叶问这样的”择偶宣言。

有才华但不显摆

女人一旦盯上某一个男人，就觉得看哪哪都舒服，即使啥都不会，也觉得特有才华。但真正最让女人痴迷的是那些有才华却不喜欢显山露水的男人。你不用细心观察，也无须刻意去甄选，就能够在人群中发现他的与众不同，因为他为人处世从不张扬，十分低调，心智成熟，宠辱不惊，而这些品质正是女人赖以依靠的最佳基础。

离开他后，你比以前更好了没有？

有人调侃“恋爱有风险，相爱须谨慎”，也就是说一对陌生男女从相识到相知，再到相恋及结婚，这是既要讲缘又要讲分的，并不是每一对有情人都终成眷属，有缘无分的恋爱结果就是分手。当分手的事实摆在面前时，女人的感情脆弱更容易受到伤害，难过、失落、迷惘、抱怨……

我身边就有朋友遇到过这种事，P小姐曾向我哭诉：“我第一次看到他的时候，就觉得他是我命中注定的另一半。他对我很好，他说的那些承诺我至今想起来，还觉得甜甜的，但最后我们还是分手了，我一直问他为什么，他却不说。这两年，我一直不好受，我走不出来。你告诉我，我哪里不好？又怎样忘记他？”那时P小姐精神状态很差，我难过曾经那个只身闯大上海的姑娘不见了，我跟她聊了好久，生怕她一冲动做傻事，同时我也劝她要有自己的事情做。

在我认为，当一个男人对你说他喜欢你时，不要傻傻地问他为什么。同样，当一个男人和你分手时也不要痴痴地问为什么，爱就是爱，不爱就是不爱，男人往往在这方面表现得很洒脱。不停地追问男人为什么，甚至因为分手而自暴自弃，不仅于事无补，而且只会显得自己掉价罢了。

爱上一个人，很难忘，一辈子恐怕都忘不了。但为什么一定要忘记呢？既然爱情是真的，那就是你生命的重要部分，为什么不在一次失败的爱情中汲取教训？感情不可回避，能让女人真正成熟的，除了生活的洗礼，更大一部分原因就是爱情。感情可以教会你认识自己，认识异性，认识男人究竟如何。

不妨回忆你们相处时的情景，最好的一部分是你生命中的礼物，你付出了感情，也得到了感情，你在那个时间遇到那个人，发生了一段故事，这是最重要的。

两人能在茫茫人海中擦出爱的火花，全凭吸引二字，所产生的怦然心动，而如今他的离开也只是证明你对于他没有了吸引。检视一下，你们的相处究竟出现了什么问题。你不可能十全十美，想一想自己的不足，反思自己是否有做错的地方，想一想怎样使自己变得更好，这才是最主要的。当你足够强大时，能够随时从一段糟糕的关系里脱身时，就没有人能伤害得了你。

让我们分享一个分手女子的日记吧，看她是如何完美蜕变的！

现在我睡觉的时间更多了，我精力充沛，皮肤变得光亮多了，使我不禁惊叹分手后的变化如此不可思议。因为我不再等你夜归，要知道你总是找不到钥匙，强迫自己从温暖的被窝里爬出来为你开门，是一件多么不简单的事。尽管我总是很积极主动地为你开门，脸上还带着一丝微笑。我已没有必要在床上胡思乱想，想你晚饭后去了哪里逍遥，把自己整得面色憔悴，最终成为一个标准的“黄脸婆”。有时怕不小心睡着了，让你在外面久等，我甚至硬是挺到半夜。

我有了更多的逛街机会，我不再问你想吃什么，不用浪费难得的假日等你回家团聚。满大街的衣裙，在我眼睛里突然变得莫名其妙的可爱。只要我喜欢的我就买，我不再听你的“必要建议”，我好爱好爱我自己选的衣服，我觉得我现在光彩照人。俗话说：“人靠衣服马靠鞍”，尤其对女人更合适。我终于发现你以前的主意太糟糕，说什么穿职业装的女人最漂亮，可是我发现我最喜欢的还是五彩缤纷，女人就是需要丰富的色彩，总是穿着干练的套装，让我感觉自己还没有下班，甚至老是怀疑自己是不是女人。

我的“多语症”突然不治而愈，面部表情充满阳光。我不再操心你的臭袜子，不再告诉你酒后驾车的种种可能，更不会在晚饭后打电话催你早回，我已没有管理你的义务和责任。朋友说我现在说的话很理智、很智慧，我欣喜若狂，因为有人说女人的智慧和美丽总是并存的。我现在可以大大方方和任何人说话，而且充满自信。从今以后，我不会再说你新欢的种种不是，我相信我现在比她漂亮，比她年轻。

现在的我，想对你说一声谢谢，谢谢你的离开，让我开始了更精彩的生活！

……

爱情是一个重要课堂，我们应该从中学到一些东西，让自己向更好的方向发展。

我的建议是，假如你真的很在乎一段恋情，那你就要证明你的优秀给他看。努力、努力、再努力，努力充实自己的生活圈，让生活过得多姿多彩；努力发掘自身，努力拼搏，提高自身价值。等你足够强大，自带光环，变成一个越来越优质的姑娘，还愁他不回心转意吗？还愁吸引不到更好的人吗？

还是P小姐，在我们一群朋友的陪伴和劝说下，她终于意识到分手虽然是一件令人难过的事情，但是不应把大好的时光用在伤春悲秋哀悼自己的恋情上，于是开始平静下来理智地对待这件事。P小姐决定对自己好一些，她留了长发，学会了化妆，给自己饮食搭配，皮肤越来越好，还经常去健身房练瑜伽，人瘦了，也变漂亮很多。P小姐的生命仿佛注入了新的活力，心情顿时愉快了很多，分手的打击也没有那么让人难受了。半年后，P小姐兴高采烈地给我打电话说，前男友试图挽回这段感情，求复合，同时还有一位男士也在热烈追求她，她要好好比较下……

瞧，爱情路上，不是每段感情的结束都是一场悲剧，有时它也是另一种美丽的开始。至少，在一个人的日子里，你有机会重新认识自我，重新审视自己的价值，再次塑造更好的自我，就像凤凰涅槃那般，在浴火中获得重生。等你的嫁值越来越高，你就能拥有更美丽的恋情，遇到更好的男人。

伤害你的男人想回头，Say No！

如果一个男人狠狠伤害过你，给过你满心酸楚、失落、屈辱等，当你慢慢快要走出这段让你伤心欲绝的感情的时候，他又回头来请求你的原谅，想和你好好地过，这个时候你会怎么做？你会原谅他吗？你会再给他一次机会吗？

电影《大话西游》里，至尊宝对紫霞仙子说过一段经典台词："曾经有一份真诚的爱情放在我面前，我没有珍惜，等我失去的时候才知道后悔莫及，人世间最痛苦的事莫过于此。如果上天能够给我再来一次的机会，我会对那个女孩说三个字：我爱你。如果非要在这份爱上加一个期限，我希望是一万年。"

这句台词深深地告诫我们，错过一个爱的人，是人生最痛苦的事，也是最遗憾的事。有多少爱可以重来！女人天生比较心软，而且特别痴情，总是习惯性地原谅男人，但我一直认为破镜可重圆，简直是太幼稚了。镜子打碎了，再巧的师傅也无法修复完美如初，破了就破了，不要奢望能再圆。

一个大学毕业三年多的女孩向我讲述了她的故事：

上大学没多久，女孩就喜欢上了一个男孩。经过一个学期的煎熬，她向男孩表白了自己的心思，男孩很高兴地答应了她。两个人在一起甜甜蜜蜜，但后来，因为一些鸡毛蒜皮的小事，男孩居然对她动手了。女孩虽不是娇生惯养的，但这样的委屈，搁谁谁都受不了。伤心欲绝之下，女孩坚决地和男孩提出了分手。男孩不肯分手，他一再请求女孩原谅自己"一时的冲动"，还说"以后再也不会这么糊涂了""要加倍地对你好一些"。面对男孩的一番忏悔，女孩慢慢地心软了，全然忘了自己背上、腿上的青块和瘀血，把好友的规劝也置之不顾，满心欢喜地和男孩复合了。谁知，男孩后来常常因为一些小事出手，并且一次比一次出手重。但毫无例外的是，每次男孩事后又是忏悔、又是道歉，女孩选择原谅，于是，事情一直这样恶性循环着。

“姐姐，我该怎么办？我们在一起五年了，我舍不得他，我很苦恼……”女孩追问。

听到这样的故事，我悲愤地如是说：“你是否有自虐情绪呢？怎么能一次次地被他这样对待？如果男人随意地做出让你极其失望的事，又不停地向你道歉，向你保证……这样的男人，无论你再怎么喜欢，也还是干脆一点，趁早远离他。否则，你将一次次被他伤害，而且连尊严都没有！”

人最愚蠢的，并不是没有发现眼前的陷阱，而是第二次又掉了进去。要知道，第一次受伤是无知，第二次受伤就是白痴了，尤其是被同一个人再次伤害，那更是愚蠢之极。你之所以这样，只是没有被他伤害得再痛些。他也根本没爱过你，才会那样一次次伤害你，而且一副理所当然、很无辜的嘴脸。

不要指责男人的无情，也不要抱怨男人“狼心狗肺”，问题的关键在我们女人自己！

爱一个人，不管有多深也要有原则。如果你没有给他反思自己错误的机会，没有让他对自己的行为付出任何代价，这样无原则的爱会让男人忽视了对你的责任，这也就导致你们之间他强你弱的被动局面。如果你原谅了他，他用不了多久还会故技重演，再一次的伤害就会在前面等着你。

好马其实也可以吃回头草，但前提是真的是匹好马，而且真的是用心在回头。

一个真心爱你的人，疼你都来不及，舍得对你恶语相向、拳打脚踢吗？

一个想和你分手就分手，想和你和好就和好的人，你认为他还爱你吗？

一个风流成性、处处留情的男人，你能留住他的心还是身？

……

有些亏欠不是想弥补就能弥补的，有些错误不是想纠正就能纠正的。如果一个男人冒犯了你做人的尊严和原则，做出有损于你自尊和颜面的事情，如果你不想让自己受到二次伤害的话，如果你想让自己过得洒脱漂亮些，最好不要犹豫，痛快地拒绝他，别让自己的大好青春再被他耽搁一次了。

还有一种容易让人上火的情况，那就是有些男人此番回头，是另有图谋，或是为了报复或折磨你一下，或是想让你帮他完成某件事情，或是看看能不能再从你这捞点什么……说白了，你在他眼里，已经沦为某种可延续性的利用工具了。如果你再接纳他，很可能就要把你的生活也赔进去，跟着一起搞成一团糟，何必呢？对于这种男人，还有必要客气吗？让他有多远滚多远吧！

不慎落入“狼口”是悲剧，但懂得亡羊补牢，及时走出这一场悲剧，为时不晚。在看清一个男人的“本质”后，不管用情多深，理智地 Say No！不给男人犯第二次错误的机会，也不会给他再次伤害自己的机会。这是对真正爱情的追求，也是提升自身嫁值以及人生品质的又一次开始。

Part 7 高嫁值无须过多陪衬，需要的是更多扶持

在感情世界里，不是你够深情、够付出、够努力，就能留住幸福。两个人最好的状态莫过于你懂我的心疼与欢愉，我了解你的不易与憧憬，在人世间相互陪伴，彼此扶持，携手共进。每一个过程都无可取代，每一个美好都彼此成就，这样的女子够聪慧，够仗义，情商和智商都在线，最终会成为男人心头上一颗朱砂痣，窗前皎洁的白月光……

就在今生，让自己活成一棵树

诗人舒婷说："我如果爱你，绝不像攀缘的凌霄花，借你的高枝炫耀自己……我必须是你近旁的一株木棉，作为树的形象和你站在一起。根，紧握在地下；叶，相触在云里……我们分担寒潮、风雷、霹雳；我们共享雾霭、流岚、虹霓。仿佛永远分离，却又终身相依，这才是伟大的爱情。"

"作为树的形象和对方站在一起"，不得不说，这种独立而不依附的姿态是令人欣赏的，也是每个新时代的女性所应该具备的。

但是，我所接触到的一些这一阶段的女性朋友，却有一部分尚且认识不到这一点。她们习惯性地把爱情当成生活的全部，把一个男人当作自己的整个世界，无条件地依赖男人，一副小鸟依人的样儿，甚至没有自己的生活，没有自己的事业，连自己的思想都没有，就像一株柔软的藤条。

每当身边有这样的女性出现，我都替她们感到不幸，可是又不能直接批判人家的想法不对。如果时机允许，我会婉转地告诉对方女人不要有这么强的依附心理，而应该让自己独立起来，具有独立的思想与观念，不能过分依赖男人。至少也要成为一棵"木棉树"，让自己拥有独立的姿态吧！

要知道，如果你习惯了依附男人，就会陷入一种"男人给你幸福，你就幸福了；男人不给你幸福，你就不幸福"的被动状态，男人会觉得你一钱不值，甚至会变成挑剔你的最好论据：她没有个性、她没有主见、她没有原则、她没有魅力……试想，一个这样的女子，如何能够在爱情中占据有利地位，又怎能让男人心甘情愿地留在身边呢？原本再美的爱情也逃不过一拍两散的结局。

看看我的同学琳达的日子就知道了。

读书的时候，琳达是个长相清纯漂亮，多才多艺的女孩，从中学到大学，追她的男人不下20位，这样一个女神级人物最终选择了一位在某大型企业担任部门领导的男人。结婚之后，琳达把全部的希望都寄托在丈夫身上，不仅没有出去找任何一份工作，还养尊处优地在家里做起了全职太太。

但神仙眷侣般的生活没过几年，琳达的丈夫就在一次大吵后提出了离婚。拿着丈夫起草好了的离婚协议书，琳达伤心不已，眼泪扑簌簌直落下来。她不无幽怨地哭诉着："当初他费尽心机地追求我，我看他为人踏实，又很有才能，就答应嫁给他了。万万没有想到，他现在竟然和本行业的一个女部门经理交往，居然说要跟我离婚，所有明眼人都看得出来那个女人没有我好看，我真不知道他是怎么想的……"

关于琳达的遭遇我是从其他同学口中得知的，说心里话，虽然对琳达深表同情，但我并不感到奇怪，因为琳达婚后的选择很容易酿成她现在的悲剧。之后，我又从同学口中得知，琳达的丈夫也很是委屈，他说："当初琳达不仅长得漂亮，多才多艺，而且特别独立，这正是吸引我的地方。可结婚以后她似乎把自己的一切都托付在了我身上，我说什么她就应什么，没有自己的追求了，而那位女部门经理虽然美貌次于琳达，但她非常独立，别具一番滋味，我忍不住就被她吸引了……"

真是一声叹息！看到了吧，一个长期依附于丈夫的女人，最终落得的竟是这样的下场。处理过多种多样的女性心理及婚恋方面的问题后，我逐步总结出，像琳达这样太过依附男人的女人，即使她们楚楚动人，娇弱可爱，但是始终不及独立的女性显得洒脱和优雅，而且很容易遭遇爱情的背叛。

所以，我愿意告诉有琳达这样想法和经历的姐妹们，每一个人都是自己世界的主角，女人绝不是一根藤条，只有依附男人的力量才能向上延伸，女人要做一棵植根于地上的树，独立自主地活出自己的姿态，才不辜负如此美好的年月。

那些高嫁值的女人从不甘心做男人的肋骨，即便旁边有一个多么值得依靠的人，她们都坚持自己独立的人格，有自己的思想，有自己的骄傲，与男人站在同一个水平线上，彼此尊重，彼此独立和自由。这样的女人比起那些楚楚可怜的小女人，更具有充满魅力、震慑人心的力量，也更能赢得男人的尊敬和爱。

我的邻居凯米就是这样一位女性。

由于年龄相仿，又同时在家做过两三年的全职太太，所以我和凯米有一些交流和来往。之前，凯米在一家法国公司做财务工作，凭着她那个注册会计师的资格证及很强的工作能力，不到30岁的她已经是年薪四五十万的财务经理了。

一次闲聊中，凯米跟我讲起了她的过去。读大学的时候，她是班里很不起眼的一名同学。就在班上的女同学们心怀“钓金龟婿”的愿望时，她却一心热衷穿梭于图书馆、健身房等场合。大学毕业后，凯米开始得并不顺利，自己住在狭小的租房里，穿行于熙熙攘攘、竞争激烈的人才市场，日子很是艰辛。当时周围有同学朋友们这样劝说凯米：“干得好不如嫁得好”“大树底下好乘凉，你找一个有钱、有能力的男朋友不就可以了嘛，干吗这样委屈自己呢？”听了这样的话，凯米只是淡淡地笑一笑，然后在内心坚定地告诉自己：为什么要依靠男人呢？我要靠自己，我要做独立的女人！

靠着自己这股精神头和不断的努力，5个月后，凯米终于如愿地找到了一份出纳的工作。后来，凭借出色的工作能力，仅仅3年的时间，凯米便当上了公司财务部门的主管。就在这时候，“月老儿”也光顾了这位独立的姑娘，为她“送”来了一个优秀的男人。交往了一段时间后，凯米和男友都感到对方是自己一直寻找的那个人。很快，他们便步入了婚姻的殿堂。婚后，凯米依然奔波在职场，她的丈夫也尊重她的意愿。后来，凯米升任了公司的财务经理。直到凯米怀了宝宝，她才暂时回归家庭。等孩子上幼儿园后，凯米准备重新投入职场，她可不想和社会脱了节。

凯米说过的一句话一直让我记忆犹新，她说："我一直都坚信，女人精彩的生活不是男人给的，而是必须靠自己的努力争取。"

没错，女人只能靠自己给予自己幸福。

或许是来自母亲坚强、独立而睿智的生活态度的影响，我一直尊崇女人要独立，不要有依附的思想和心理。我认为，任何一个有着正常婚恋观的男人和女人，都不会是因为相互需要，而是因为相互欣赏、相互支持才站在一起的。这样的爱情才是持久的，这样的婚姻才是稳固的，这样的关系才是最为美好的。

所以，以前你能认识到这一点更好，如果没有认识到，现在获得这样的认识也还不算迟。你要告诉自己，要想在爱情场上获得主动权，要想打造出自己美丽的人生，永远都要保持自己的独立性，与男人站在同一个水平线上。试问，当你能够拥有属于自己的一片天空时，你还害怕这片天空上没有白云吗？

最牢固的感情，大多都势均力敌

我住的这一栋楼上有一位三十几岁的女人，个子不高，长得白白胖胖，一脸的富贵相。她的爱人是一家企业的老总，经济条件不错。一个儿子已经是高中生，平时住校，所以家里总是她一个人。她是一个全职太太，每天在家做做家务，剩下的时间就是打麻将。我曾听她说过，打麻将既热闹又能打发时间。

一个夏天的晚上，我和爱人散完步，在小区碰到她老公从外面回来，便停下来聊了几句。

男人抬头瞅瞅楼上的家一片黑暗，唉了一声："一天到晚就知道打麻将！"

我说："嫂子多有福气，你这么能干，什么都不用她操心。"

男人又叹了一口气，带着一丝抱怨的语气说道："我倒是希望能让她操心，可是这么多年了，她不出家门，不读书、不看报，什么也不学，什么都不懂。说实话，现在我们连沟通都没法沟通，根本不在一个频道上。哪像你们，能写会算，见多识广，放到哪里都行。"

看到这里，相信不少人会指责这个男人没良心，女人为了他和家庭牺牲了自己的青春，放弃了自己的外出机会，到头来换来的却是他的嫌弃。但我倒是觉得，感情的事大半是由于情投意合，合则来，不合则去。有时两个人之所以背道而驰，是因为他们不势均力敌，根本就不是一个层次的对手。

爱，从来都没有那么纯粹。一段感情能否持久与牢固，很大程度上，是两人之间的一种博弈，势均力敌者方能走到最后。势均力敌不仅仅体现在身家、背景，更体现在两人的才学、性格、能干上。很多时候，你以为是你的爱人辜负了自己，其实往往是你的成长跟不上他的脚步罢了。

很多女人认为打天下、拼事业不是自己要考虑的，因为自己又不是男人，也不要做什么女强人，自己只要能舒舒服服地生活就可以了。外面的事业是男人的，家里的“事业”才是自己的。可惜，事实并非如此。找到了与你携手一生的人，人生事业只能算是完满了一小半。接下来的几十年之久的婚姻之路，才是更重要的生活内容。

现代社会竞争激烈，生活压力巨大，导致越来越多的男人对女人的期望不再仅仅是“上得厅堂，下得厨房”，他们更渴望能与自己共同奋斗、共同进退，一起打天下的女人。想要高嫁值，想要婚姻长久，想要生活得漂亮，那么除了爱情之外，你还必须和男人形成一种“密不可分”的战友关系。

试想，男人回到家想的是怎么扭转公司困境，而你却在旁边唠叨今天的菜价又涨了、哪个超市打折了。这样的不同，必然会对婚姻关系产生不良影响。而和男人一起打天下的女人，了解当前经济形势，可以很容易地理解男人的压力，男人也就愿意和她交流了，夫妻感情必然能得以升华。

俗话说，“每一个成功的男人背后，都有一个伟大的女人”，女人和男人的思维意识和角度均有所不同，两人交流沟通时，更容易迸出智慧的火花。你越优秀，这种力量越明显。当你与男人共同进退，一起打天下时，你身上所散发出来的智慧、勇敢，值得和你生活一生的男人发自内心地尊重和钦佩。

在奥巴马竞选总统的时候，我们看到他的妻子米歇尔，以一个女人的身份与奥巴马一起打拼，所发挥出来的中流砥柱的重要力量。

当奥巴马参加 2000 年美国众议院选举时，芝加哥大学上司问米歇尔如何能尽情投入助选，她回应自己已经探访了许多家庭，当中收到很多宝贵意见；2007 年 5 月，丈夫宣布角逐总统选举后 3 个月，她开始减少 80% 公职以全力为丈夫助选；竞选初期，她开始教导两个女儿独立，然后增加出席竞选活动日数；2008 年 2 月初，她于 8 日内出席了 33 场竞选集会，帮助奥巴马增加声势；2007 年，米歇尔开始协助丈夫作全国性巡回演说拉拢选民。同时，米歇尔还雇用了全女班的助手团来为丈夫倾力助选。最终，奥巴马成功当选为美国第四十四任总统。谈及自己的成功，奥巴马都会提到，“我要感谢我的妻子，在情感上她是一个能够倾诉衷肠的温柔女人，在事业上她是一个理智果敢的伙伴，她给我提出了很多宝贵的意见和建议。”米歇尔促成了丈夫的成功，也成为卓越女性的代表。

这也提醒女人：在对待有事业心的丈夫时，不可单单强调家务、生活等方面的辅助，更多的应是把丈夫的事业视作自己的事业，并参与其中，共同追求，那么你就会成为那个他感激一辈子的、难以割舍的女人。

著名主持人杨澜说过：“一个女人的老去，是从她越来越懒，越来越想逃避开始的，是从她停止学习成长的时候。”女人呵，永远不要停下拼搏的脚步，要不断地学习，不断地努力，不断地完善自己。只有你有价值了，你优秀了，你才值得拥有最好的一切。你们在一起，是锦上添花，才算势均力敌。

你的人生，不能只有你的先生

热恋中的女人总是很盲目的，恨不得二十四小时与爱人黏在一起，以为只要跟他在一起就是全世界，于是推掉所有的聚会，朋友不理会了，家人也没有多少顾忌。只要两个人在一起，哪怕什么也不干，她们也开心。有些女人甚至认为，一辈子有男人和孩子就够了，朋友？那只是旧日的回忆，和自己现在的生活无关。

谈恋爱也好，结婚也罢，都意味着女人即将结束自己独自一人的生涯，开始一种全新的生活，女人看中这段爱情，自然会投入，会用心经营，会奉上自己能够想到的心力。你以为这就是幸福，却不知道，这只会把他给“宠坏”了。做人做成这样，就算再贤妻良母，也会显得很掉价。

经过本人多年观察，为了男人放弃友情的女人，早晚要吃苦头。

我的同事珠珠，当年公认“嫁得好”，老公一表人才，样样精通，绅士多金，挑不出任何毛病，就连最麻烦的婆媳问题都不存在，珠珠的婆婆疼她跟自己女儿似的。结婚一年，珠珠老公觉得她工作太累，而且希望她交际简单，最好没有什么人际往来，这样才能全心全意地照顾家庭。两人恳谈一番之后，珠珠辞掉了工作，回家当起了幸福的主妇，每天只研究如何给老公做一顿色香味俱全的晚餐。

旧日的同事朋友，珠珠很少联系，偶尔打电话约她出来，不是在给老公做饭，就是在给未来的儿子织袜子，渐渐的，除了过年过节一个礼貌的短信，谁也没有珠珠的消息。直到今年，有人说看到珠珠那个十全十美的老公和某个业内有名的女记者成双入对去旅行，担心地打电话过去，又不敢直接问，怕伤了珠珠的心，但珠珠的言语里却没有任何不对劲。看来，这个幸福的女人还被蒙在鼓里，而我们，不忍心戳破这层幸福的假象，除了家庭，珠珠还有什么？她哪里经得起这个打击？只能希望那位十全老公，能够尽早地悔悟错误，回心转意，然后回到珠珠身边。

瞧，如果女人一恋爱、一结婚就疏远了自己以往的朋友，则意味着你为结婚放弃了自由，这个代价太不值得，而且你这么做，只能局限在爱情小天地里。时下流行的东西你全然不了解，朋友们的话题你参与不进去，你在朋友圈淡出，你落伍了。你不过是一个围着男人和孩子转的陪衬品，即使必不可少，却也乏善可陈。久而久之，你会成为男人心中的负担，慢慢地就会厌倦。

更何况，长期只盯着某个方面，你的精神会不会空虚？当别的女人去街上挑美衣、品美食时，你却在家里擦地板；当别的女人去新马泰度假，你却在家里洗衣服；当别的女人在宴会上与人翩翩起舞时，你却在饭厅里守着一桌子饭菜等老公回家……为什么一定要过一种单向的、单色的生活？

我常常告诫身边的女孩们：你的人生，不能只有你的先生。爱情和家庭是重要的，但更重要的是，女人必须有自己的生活交际圈，再优秀的男人，也不能让女人放弃一切，特别是放弃身边那些关心你的朋友。你的人生需要的不只有这一部分，有亲人，有朋友，有事业，有交际，才算完整。

经常与朋友在一起联络，定期聚会，多多交流，你越跟朋友联络，别人越拿你当朋友，你们的感情越醇厚。而且，多和他人交流，你才能知道别人在做什么，世界发生了什么，你才能通过和他人的比较，发现自己的不足，提醒自己努力不要落后，你的思想愈丰富，眼界愈开阔，嫁值也愈高。

最重要的是，有朋友的人永远不会孤立无助。即使有了男人，也不代表你会永远保持快乐，总有烦恼的时候；再好的爱情也有可能会结束，那个曾经爱你的男人也会离开，你会伤心，会难过。此时，如果你有个朋友，通过当面倾诉或者电话和网络交流，都会给你带来最好的帮助。

不管这个男人有多优秀，有多爱你，只有不把自己的一切都和他绑定了，你才不至于沦为他的附属，于自己是一种枷锁，于别人是一种负担。随时保持和朋友之间的交往吧，朋友是你快乐心情的“加油站”，是你受伤时最可靠的“港湾”，而且真正的爱情不会跟友情有冲突的，真正爱你的男人也不会干涉和限制你的朋友圈子，甚至反对或阻止你与朋友交往，他会给你足够的自由空间。

友情肯定不如爱情炽烈，却可能比爱情长久。

我多年坚持的一个观点是：女人可以不常聚会，但不能不常和朋友联系。H是我一起玩大的发小、闺蜜，虽然我们平时工作都挺繁忙，有各自的变化，各自的生活，而且有了孩子更是去哪儿都不方便，但是几十年的友情不是说散就散的，我们基本保持一月一聚的频率，每次都有说不完的话语，说不完的欢笑，说不完的秘密。而且，即使再忙再累，我们每周都会通电话，诉说各自生活的喜怒哀乐，甚至彼此约定一些近期和远期的游历，许下一些近期和远期的愿望，很美好！男人多少都有占有欲，有时老公也会吃闺蜜的“醋”，这让我们的感情始终有滋有味。

同时拥有爱情与友情，家庭与自我，女人的生活才称得上圆满、幸福。当你魅力无边，人际无忧，相信你的另一半也会以你为傲。

善待自己，是对自己最大的恩宠

我见过这样一些女人，她们非常爱自己的丈夫和孩子，除了忙工作的事情之外，大多数的时间是尽心尽力地照顾家庭，日复一日地做饭、洗衣服等，女人用沾满肥皂的手抹抹头上的汗水说，等孩子长大了，我就不用这么忙了；不要紧，等孩子上学就好了，我可以好好地享受享受生活了。

女人忙得不可开交，忙得昏天黑地，忘了日月星辰……孩子终于开始读书了，女人却陷入了更大的忙碌中，要把自己的孩子培养成一个优秀的人。她陀螺似的转动在单位、家、学校、自由市场和各种各样的儿童补习班里……不知不觉，皱纹已爬上女人疲倦的脸庞，女人吃力地伸展酸痛的筋骨，问自己："我什么时候才能无牵无挂地享受一下呢？""哦，坚持住，就会好的。等到孩子大了，上了大学，或者有了工作，一切都会好的。到那个时候，我可以好好地享受一下了。"

孩子大了，有了稳定的工作，还结婚生子了，女人又开始无尽地操劳起了孙子……女人就这样老了，她想有时间好好享受一下生活，可惜她美丽的容颜已经消逝，再如何弥补也无济于事；她的牙齿已经松动，无法嚼碎美食；她的眼睛已经昏花，再也分辨不清美丽的颜色；她的双腿已经老迈，再也登不上高耸的山峰……时间抽走了女人的美貌和力量，她再也不需要任何享受了。

不知道你有没有观察过，身边常常有一些姐妹每天忙得不可开交，偶尔坐下来聊聊天就会听她们诉说一些快乐和不快乐的事。快乐的多是孩子如何乖巧听话，成绩优异之类的，或者老公如何挣钱，又购置了什么房子车子之类的。不快乐的则往往因为她们是“先人后己”的标准“好妻子”“好妈妈”“好女儿”，把大好的青春都贡献给老公、孩子和整个家了，却没有善待自己，所以为此感到遗憾。

这样的话，我着实是听过不少的，有来自身边亲戚朋友的，也有来自听我讲课的学员们的，还有阅读我的著作的读者们的。

为了帮助她们，又不致让她们感到更加懊悔和沮丧，一些“实话”我只能先藏起来，而说一些能够让她们听起来舒服又可以尽快帮她们改变的话。比如，我心里想的是：你这样做真是太不应该了，你应该好好地对待自己，而不是全心全意为他人；或者你既然付出了，就要任劳任怨，而不要牢骚抱怨，等等。但我嘴巴上只能说：“为家、为孩子、为爱人付出，的确是了不起的，也让你和你的家人收获了很多，比如家庭和美，老公事业有成，孩子健康成长。这些的获得都有你的功劳，所以多想想这些，心里就会坦然了。当然了，你也要知道，如果我们只顾照顾家人，而不顾自己，万一自己身体不好了怎么办？或者因此而让自己心情糟糕了怎么办？所以，从这个角度来说，是不是应该匀出一部分关爱来给自己呢？我们只有照顾好自己，留几分爱给自己，才能更有能力、更有动力爱我们的家人，也因此得到家人更多的回馈呀！”

不可否认，很多女性朋友，特别是“善良”“贤惠”的女性朋友都非常善于照顾别人，爱老公、爱家人、爱朋友，但却常常忽视了爱自己。比如，她们习惯性地将好吃的点心留给孩子，昂贵的保健品送给父母，名牌的睡衣送给先生，最好的化妆品送给朋友……唯有对自己，她们格外吝啬，不舍得吃也不舍得穿，更不必说其他享受。

但是事实上，女人只有做到荣耀和爱自己，和其他人的关系才能真正是一种爱的关系，而不是建立在需要、依靠、恐惧或不安全的感觉上。当我们作为一个完整的人和另一个人建立一种关系，这种关系才能牢靠。很值得庆幸的是，大部分听了我的话的女性朋友，都努力地改变着，拿出一部分精力来善待自己。她们所得到的结果是，自己更美丽了，心情更愉悦了，孩子更乖巧了，老公更爱自己了……这真是令人欣慰的局面！

前几年，有位读者朋友给我发来电子邮件，诉说了她的心路历程。在邮件中，我读到了一个从不懂得爱自己的女人到学会善待自己的女人的巨大转变。在这里，我想和你再分享一下关于这位读者朋友的经历。为了保护她的隐私，我给她起了个化名叫桃子。

自从和先生步入婚姻殿堂之后，桃子就不再像以前那样打扮自己了：一是因为忙于生活的琐事，渐渐没那个心了；二是因为买化妆品和漂亮的衣服也是一笔不小的开支，而现在不比以前，过日子要勤俭节约，为了维持一家人的生活，桃子觉得那些没有必要的开支还是算了吧，开始不修边幅，甚至邋邋遢遢，蓬头垢面。

结婚以后，桃子想得更多的是自己的家。可是，她的一心守候并没有给自己带来幸福的生活，因为突然有一天，老公告诉她，他爱上了别人。此时，桃子委屈极了。她觉得自己为这个家付出了太多，可为什么等待她的是这种结果呢？桃子失眠了好几个晚上。后来，桃子在网上看到了我的一篇女人要爱自己的小文章，她说自己看后禁不住落泪了，也是从那时候开始，她决定不要再牺牲自己了。

她开始买最好的化妆品来保养自己的皮肤，开始去逛很久都没有逛过的百货商场，在闲暇时间约自己的好朋友做做瑜伽或者看场电影。桃子好久都没有这么身心舒畅过了，她觉得这才是生活，没有谁的牺牲，没有谁的维持，只有好好地爱自己。现在的她，正信心满满地面对着每一天的生活，而丈夫也开始回心转意。

看见了吧！女人爱自己是一种责任，就像爱你的家人和朋友一样。当我们能用这样的态度爱自己时，就能真正了解爱的意义，而且有能力去爱其他人，别人就容易看到你的魅力、会称赞你，而你也会活得越发光彩，永远保持对生活的热情，保证自己的家庭和事业都朝着良性而又健康的方向发展，这是一个良性循环。

记得我打算和先生结婚之前，我那知书达理的母亲就给我敲边鼓：“作为女人，不要把‘为丈夫牺牲’‘为孩子无限度地付出’当成自己引以为豪的高尚情怀，要明白学会爱自己才是务实的智慧。”我很庆幸有这样一位明智的母亲，也很希望能将我所学到的、悟到的东西分享给我亲爱的读者们。

我们要做的其实不多，只是该自我时就自我，好好地照顾自己，比如不要一味地做丈夫和孩子爱吃的饭菜，再忙也记得下厨为自己煲一锅靓汤；不要把金钱和精力都用在家人身上，要为自己买一件心爱的礼物……相信用不了多久，你会发现自己不仅变得优雅而成熟，活得滋润和潇洒，拥有更有喜悦感的生活和人生，而且所到之处你身上那种无可比拟的魅力，想不让人喜欢只怕都难。

喜欢是乍见之欢，爱是久处不厌

大概两年前，读著名作家廖一梅的《悲观主义的花朵》，里面有一句话我感觉惊艳极了：“喜欢是乍见之欢，爱是久处不厌。”用“乍见之欢”跟“久处不厌”这两个词来表达喜欢和爱，我是极度认可和赞成的，因为这两个词的包容性极大，既包含了情感的深浅，也包含了时间的广阔。

大抵在爱情的最初，恋人之间都可以说是有“乍见之欢”的。初相见，她甜蜜温柔，他血气方刚，两个人相谈甚欢，那缘分、那天真烂漫，爱情疯狂滋长，然后修成正果。但真正能做到“久处不厌”的，可能寥寥。三年之痛，七年之痒，人还是当初的那两个人，只是彼此生厌，不复当初的心境。

F 先生和 F 太太是我的一对来访者，他们因为性格不合导致夫妻矛盾而前来进行婚姻咨询。我还记得他们第一次来时的情景：F 太太先到，F 先生半小时后才姗姗来迟。F 先生开始不怎么说话，任凭 F 太太噼里啪啦地说个不停。直到太太抱怨他不懂得尊重自己时，F 先生有些忍不住了，开始反击。再后来，夫妻俩居然争吵了起来。见此情景，我赶紧把两人分开，让他们冷静下来，心平气和地把事情讲清楚。

等两人分别把事情的缘由说清楚，作为局外人，我听得很明白。F 太太有轻微洁癖，不能看到家里有不整洁的地方，每天都要打扫一遍才舒服，家里东西也绝对不能乱放，用完必须放回原位。可 F 先生却认为：家是休息放松的地方，白天的工作已经紧张而疲惫，回到家，就应该全身心地放松，不要有任何的约束，如果在自己家里还要讲原则、守规矩，那回家又有什么意义呢？

听上去，两人各有各的道理。我又分别问夫妻俩：太太 / 先生的行为给他们带来怎样的心理感受？F 太太说：“他现在怎么这样？家务活不帮把手不说，还总给我添乱，怎么这样不尊重我的劳动成果？讨厌死了。”F 先生也有自己的解释：“我一回家，她不准我这样、不让我那样，不刷牙、不洗脚就不让上床，说我破坏了家庭环境，把房子搞脏了。她真的很烦人，搞得我都不想回家了！”

F 先生与 F 太太之间的矛盾源自两人生活习惯的差异，结果却上升到对彼此的不信任，为什么会出现这样的局面呢？

常言道：金无足赤，人无完人。是人就会有缺点，是人就会不完美。而且生活在一起的时间越长，也就会越多地接触到伴侣的缺点和不足。但大多数夫妻常常会忘记这一点，他们总是希望自己的伴侣能做得更好一些，离自己心目中的标准更近一些。一旦达不到要求时，会感觉伴侣不够好，或不够爱自己，甚至想改造对方。这往往都是站在自己的角度来考虑问题，而忽略了伴侣的需要和感受。而通常没有人会愿意被人改造，所以矛盾和摩擦也就会不断地涌现。

所以，要想拥有和谐美满的婚姻生活，我们就应该调整心态，学会换位思考，互相理解。作为女人，你这个时候起到十分关键的作用。如果没有你的抱怨，自然也不会引出男人的那些抱怨。事实上，既然爱他并嫁给了他，那么你就不要总想着自己怎么样了，凡事应该多想想他怎么样了，学着多站在对方的角度考虑和处理问题，这才是你珍惜这份爱所做出的努力，也才会令男人觉得娶对了人。

在婚姻当中没有谁对谁错，有的只是互相谅解和包容。

为了让 F 先生与 F 太太能真正了解对方的想法，我建议夫妻俩设身处地去感受对方。首先，我让 F 太太闭上眼，想象自己现在就是丈夫，让她去回顾丈夫当年只身在外面奋斗的酸甜苦辣，为了让自己的家人过得更好，努力挣钱买房，与太太相识相恋后的甜蜜与幸福，等等。在扮演了自己的丈夫后，

F太太似乎平静了很多，坦言其实丈夫也挺不容易的，为了这个家起早贪黑地奋斗；而对F先生我也同样采用了这样的方法，让F先生站在太太的角度，以太太的身份与自己对话，让他看到太太对他和这个家深厚的感情，太太的诸多要求只不过是希望创造一个温馨和充满爱的家庭氛围。之后，夫妻俩的态度已明显不同于当初，他们没有再互相指责和抱怨，并再次找回了对彼此爱的感觉，相信对方是爱自己的，也是爱这个家的。我由衷地为他们感到高兴，是他们的包容与接纳赋予了婚姻新的生命。

有的人好动，有的人好静，有的人愿说笑，有的人好沉默；有的人酷爱清洁，有的人一向邋遢……从恋爱到磨合再到结合，这是一个漫长的过程，也是双方逐渐成长、懂得责任的过程，这是一种爱的能力。磨合期会出现争吵、闹矛盾、缩小优点、放大缺点等状况，这会令当事人觉得爱情不如热恋时美好，但如果双方懂得宽容和体谅对方，以宽容的心接纳对方，尊重对方的想法，就能安全度过磨合期，爱情开花结果，两个人长相厮守。我想，关于爱情，最好的结局大概是从乍见之欢到久处不厌吧。

最近接触到一位保洁阿姨，姓王，王阿姨如今已近退休之年，看似平凡的工作岗位，但她的婚姻美满得让我佩服不已，我经常见她的老公上下班来接送她，给她送汤送饭，而且据说结婚二十多年来他们之间从来没有红过脸，她的生活情感值得我去深挖一番。下面是王阿姨讲述的个人经验：

我老公在生活中是一个极其爱忘事的主，自己刚放的东西就找不到，丢三落四是家常便饭，公交卡、钥匙、衣服、杯子、手机等，几乎什么都丢过。我一开始很生气，再三提出抗议，老公却依然我行我素。后来我想到他之所以这么马大哈，大概是因为从小父母惯着他吧。我不接纳爱忘事，做不好小事的他，就是不接纳幼年那个做不好小事的我自己。再后来，再见到他丢三落四的时候，我干脆不再抱怨，而是经常提醒他，手机拿好了吗？钥匙放兜里了吗？我发现当我接纳了老公爱忘事这一点，老公对我在各方面的接纳度也比以前高了，对我也更好更体贴了。

爱情，不是削足适履，而是长久流年。

所有的久处不厌，都是因为用心。唯有拥有爱的能力，才有被爱的幸运。

唯愿，每位姑娘永远值得被人爱。

你若不离不弃，我必生死相依

最近，在微博上读到一个故事：

“一对恋人结婚了，他33岁，她34岁，谈了11年。他读本科时两人相恋，她读完高中直接工作，在酒店当领班。他家穷，她就赚钱资助他读书。N年前两人要结婚，她家反对，说跟这穷小子会吃苦，她不依，陪着他找工作、创业，一起租住潮湿的地下室，一起喝没几粒米的粥。如今他事业有成，有车有房，他家又反对，说现在你发达了，这女孩配不上你，现实点吧。他说低谷时她不离不弃，这辈子我生死相依。”

你若不离不弃，我必生死相依。我承认，在婚姻中情感的成分越来越淡、算计的味道越来越浓的时代，这个故事真如一缕清风，吹进我干涸的心田。

我不知道有多少女人会陪着一个男人在低谷期，甚至白手起家。共富贵，这是人的一种本性。不共患难，这也是人的本性，没有什么好指责的。但我还是觉得，陪男人同风雨、共患难的姑娘都是好样的。

爱是什么？是责任、是担当，是不嫌弃、不放弃。两个人在一起，不管环境怎样变化，处境如何改变，都能始终如一，同风雨，共患难，经得起世俗的考验，这才是真情义。爱情不就是顺境时共享幸福，逆境时共渡难关，不把伴侣丢在半道上，一起欢笑一起流泪，一起分享人生的苦与乐嘛。

有人说，爱情很简单，因为每一对相爱的人都会说：“我爱你，我愿意为你付出所有。”

有人说，爱情很艰难，因为每一对爱人都会遭遇风雨，能够一直相扶到老，实属不易。

比起狡猾的猫，我更偏爱忠实的狗。在这儿，我要对各位女性朋友们说一句：感情最主要的是忠贞，对一个男人最好的方式就是，在他最无助和软弱的时候，不离不弃，陪伴左右，共同承受命运。那时候，你们之间除了爱，还有肝胆相照的义气，不离不弃的默契，以及铭心刻骨的恩情。

好吧，我准备搬出我姥姥姥爷的例子，作为另一个关于真爱的佐证。

我的姥爷生在东北，因父母双亡，家无片瓦，只好四处奔波讨生活，后来在一家工厂做猪倌，直到30岁时还是单身，直到遇到年方17岁的姥姥。如果说年龄差异是一个门槛的话，姥爷的家境更是惨，姥姥全家一致反对，但姥姥毅然决然追随姥爷，于是才有了妈妈。姥爷运气真好，我只能这么说。故事到这里似乎是一个圆满的结局，但我姥姥姥爷可不是这样，我决定把故事的后半段也说出来。

自从姥姥姥爷结合之后，他们的生活并不是一帆风顺。为了维持生计，姥姥给人家做洒扫庭院、做饭、洗衣服等杂活，后来又跟着姥爷被“分配”到西北开荒，风餐露宿，一路颠簸不说，到了西北连最起码的生活设施都没有，吃水用水要翻过一座山去挑，贫困交加，加之疾病缠身，境遇难堪。但是姥姥从没有怨言，对姥爷不离不弃，用这段爱恋来证明自己的人生不虚此行。

提及那段往事，姥姥说：“将来会发生什么，谁都无法预测。可这有什么关系呢？不管遇到什么，只要我们在一起一天，就要幸福着面对。”很多年过去了，他们一直相守着，有了温馨的家，有了可爱的孩子。这些年他们一同走过的岁月，让彼此深刻地明白：爱，就是风雨中的相守。

再后来，姥姥和我们说：“男人就像酒，总是越老越醇。你站在总裁身边，或许是相得益彰。可你会爱上一个父母双亡、家无片瓦的猪倌吗？你会跟一个白手起家、一分钱掰两半花的男人同甘共苦吗？想当总裁夫人，先得住猪圈、割猪草、闻猪粪，风里雨里吃尽艰辛。幸福，都是在苦水中慢慢熬出来的。”

真正的幸福，往往来得没那么容易。美满的婚姻需要两人共同经营、共同成长，在漫长的岁月中互相搀扶、相濡以沫。若没有共同走过冰寒地冻的雪山，少了生死相依、相互搀扶的积淀，即便是拥有了，也未必长久。

但愿所有人都能明白爱与幸福的真谛，不要想当然地认为搭上一个“高富帅”或“白富美”，一下子少奋斗二三十年，就是幸福；不要把婚姻当成无条件索取享受的途径，爱与婚姻有幸福的味道，却也带着一份责任和义务。当你决定和对方一同走进生活的那一刻起，就要做好同甘苦共患难的准备。

同甘苦共患难说起来可能是一句大话，但落实到日常生活的大事小情上，就是两个人能彼此分担，彼此照顾，苦也甜，累也甘。用一个形象的比喻来说，我会洗衣服，你会做菜，在有限的能力下，都可以彼此帮助和依靠。

这让我想起一对夫妻朋友，两个人是双职工。起初女的工作很忙，经常加班，男的就承担起家务活，下班一回家就忙里忙外，从做菜到洗碗都一手承包下来。我们佩服他真能干，是个贴心的暖男。他一边刷着碗一边说：“没什么暖不暖的，老婆太辛苦了，我多干些，她就能轻松点。”后来男的工作忙起来，女的就承担起家里的全部家务。现在两个人工作都空下来，就一个人负责采购，另一个人负责做饭；一个刷碗，另一个收拾房间；一个人辅导孩子写作业，另一个人则负责陪孩子游戏和运动。两人分工合作，琴瑟和谐，其乐融融，让人羡慕，也很暖心。

还记得结婚时宣读的那几句誓言吗？

不论生病或是健康、富有或是贫穷，我将永远爱着你。

我将和你一起欢笑，一起哭泣。不论是现在，将来，还是永远。

无论未来是好还是坏，是艰难还是安乐，我都会陪你一起度过。

无论准备迎接什么样的生活，我都会一直守护在这里，直到永永远远。

Part 8 愿你有高跟鞋也有跑鞋，能痛快哭也能大声笑

别怕人生事与愿违，别怕前路崎岖不平。生活可以残酷到大浪淘沙，也可以温柔到把你修到的福分拐着弯地带给你。愿你有傲骨，也有优雅；有高跟鞋，也有跑鞋，能痛快哭也能大声笑，不念过去也不畏将来，每一个当下都是努力的方向。且让内心安稳愉悦，且让生活惬意从容，而你就站在那样的灿烂里，值得时光温柔以待。

哪怕不尽如人意，也要坦然接受

期待事物的完好，希冀人生的顺达，恐怕是每一个女孩所渴望的。

如果有人说“我要经历磨难”“我渴望糟糕的情况来历练自己”，那么，我们一准会认为她疯了，而且疯得不轻。

确实，谁都希望自己的人生顺风顺水，大事小情一切如意。可是，老天就是喜欢跟我们开玩笑，他老人家总是时不时给我们点“颜色”瞧瞧。

难道因为这样我们就懊丧不堪吗？难道因为一点挫折我们就否定生命中的一切吗？这是小孩子才有的情绪。我们应该怎样？我的主张是，只要做了充分的努力之后，即使结果不令人满意，也要坦然接受。

据我观察，面对一些不如意，选择不接受的女性也大有人在。她们会用尽全力扭转局面，也不管到底有没有用，先劳一番心力再说。之所以这样做，是因为她们以为这样才能让其心里得到安慰。如果事情的结果没能如愿，她们会将此归结到自己身上，认为是自己不行，或者没有尽力导致的。

在做咨询的过程中，就曾有一个女学员向我倾诉了她的“不幸”遭遇，我暂且为这位女士起一个化名叫林红吧！

5 年前，大学毕业的林红来到目前所在的这家房地产公司，一干就是 5 年。这 5 年里，她从最开始的业务员做起，一年后升任业务主管，3 年后成了业务经理，今年还有望再次升为区域经理。可以说，短短 5 年的时间里，她很可能实现“三级跳”。之所以能如此，全仗着 5 年来，不管是林红个人，还是她所带领的部门，每个季度的销售业绩都名列全公司前茅。为此，她深得老板的器重和同事们的尊重。

今年秋季，公司要提拔一名区域经理，按照公司以往的惯例，是按照业绩排名和综合成绩择优挑选。也就是说，林红是非常适合的人选之一。随着这一消息的传出，心知肚明的林红有点洋洋自得起来，再加上周遭同事们投来的讨好的目光，让她更加飘飘然了。毕竟林红年纪轻轻，如果能做到区域经理，在公司里算是破天荒的事了。可是，公司的人事任命下来之后，结果却大大出乎林红及其他同事的预料，公司居然提拔了另外一个人。得知这个消息后，林红的心情一落千丈，她难以接受这个现实，强烈的挫败感让她难以再在这家公司继续待下去了。辞职后的林红，从朋友那里知道了我可以为她这个阶段的女孩提供心理咨询的消息，于是她抱着试试看的态度来了。

听林红说完，我能看得出，她确实是个不可多得的优秀人才。最终没能顺利实现“三级跳”，着实出乎她及同事们的预料。可是，最终的结果既成事实，任谁都改变不了。作为林红，应该体会到的，不是挫败感，也不是不公平，而是接受事实，同时看到自己的不足和对方比自己更具优势的地方。仅仅因为一次没能实现的升职便轻而易举地离职，只能说明她还不够成熟。或许，这也是她未能被提拔的原因呢！

类似林红这样的情况，有不少年轻的女性都可能遇到。我们会想：一些看上去理所当然的事，最终的结果却让人大跌眼镜，这怎么可以接受呢？可是，亲爱的朋友，你想过没有，不接受又能怎样呢？即便我们抱怨、愤怒、唠叨，但往往都是于事无补的，反而可能使事情更糟。我很想对这些女性朋友说，立马改变也有着诸多条件的制约，最要紧的，是选择坦然接受和面对眼下的困境。

有一年，我和几个朋友去泰山看日出，当时正值夏初，漫山遍野绿意葱茏。不经意看见一簇簇盛开的小花，远远望去，白绒绒的，十分可爱，以为是小雏菊，走近一看，似乎又不像，于是拍下照片，上百度去搜索，哦，原来它叫“一年蓬”。“一年蓬”是一种生命力极其顽强的小家伙，夏季里开放，路边、河旁、田野、村头，种子落哪就在哪儿开花，它的花语是：随遇而安。

如果我们人类也能跟它一样，那该是一种怎样的境界啊！不禁想起亦舒在《花常好月常圆人长久》中提到的一句话：“做人若懂得随遇而安，既来之则安之，坦然接受一切，便可舒服过其一生。”

我所说的随遇而安，不是屈服于生活的磨难，更不是听从命运的摆布，而是对现实的欣然接受。它更多的是指凡事不必刻意强求，不以物喜不以己悲，将喜与悲看作没有丝毫差别，对所有的缘分都欣然接受，主动面对和承受不幸之事，然后学会如何去驾驭命运。保持一种内心上的安定和淡然，面对任何结果总带着笑意，这样的女人将永远掌握生活的主动权，进而拥有真正的高嫁值。

我的邻居张女士是一位教师，现在退休在家，起初我发现总有孩子往她家里跑，一打听才知道，张女士书法出众，不少家长慕名而来，请她教小孩写字。张女士也乐得给自己找件事做，手把手教这些孩子临帖研墨。我经常端几碟自己做的小点心，去张女士家蹭课听，我喜欢听她教课，也喜欢听她讲自己的故事。

张女士是一位经历大风大浪的人，两个丈夫先后亡故，她独自照料三个孩子。孤儿寡母，这在外人看来是很凄惨的遭遇，但她没有一般女人的自怜自艾，也没有市井泼妇的尖酸泼辣，有的只是平淡如菊的心境。我看过她以前的一张照片，她着一袭月白色丝质无袖凉衫，衬一条宝蓝色麻纱碎花长裙，脑后绾一个松松的髻，正微笑着为自己的宝宝换尿片，看起来那么优雅高贵。

张女士是优秀教师，但孩子们却都大有个性，有的玩乐队玩到被学校退学，有的谈恋爱被抛弃每天哭天抢地，唯一一个学习好的，心高气傲，非名校不考，但每逢高考必然失利，三次高考后去了一所二流大学。张女士没有责怪子女，反复细心开导，给他们讲人生的道理，教导他们只需好好去努力就是了。经过她几年的努力，子女们渐渐长大，有的回到学校继续读书，有的发奋图强自主创业，在二流大学的那个孩子每天守着图书馆，最终考上了一流大学的研究生，令人艳羡。

常年操劳，张女士一身的毛病，药不离口，但她的表情永远是温和的。经过细心调养，她的面色越来越好，精神头越来越足。一次我遇到烦恼，去张女士那里倾诉一番，张女士安慰道："并非所有的事都是人力所及的，你所能掌控的只是一点点，大多数时候大多数事我们都只有听天由命的份儿。所以，对于那些无法改变的事情，与其苛求自己做无用功，还不如坦然接受的好。"

如果你还觉得这个观点不那么容易让你接受，接下来我再说一个故事。这个故事的名字你肯定知道——不要为打翻的牛奶哭泣。

成功学大师戴尔·卡耐基事业刚起步的时候，在密苏里州举办了一个成年人教育班。由于市场需求较大，他陆陆续续在各大城市开设了分部。但因为他缺乏管理经验，尤其是财务管理更是摸不着大门，这让他发现自己的教育班虽然有很好的社会反响，但最终的利润却一点都不理想。卡耐基为此很是懊恼，他开始抱怨自己之前太过疏忽大意。可抱怨也无济于事呀，他就只好在这种状态里闷闷不乐，忧愁不断。

后来，卡耐基觉得自己不能长期这样下去，不然自己的事业会毫无进展的。于是，他去找自己中学时代的心理老师乔治·约翰逊，向他寻求心灵上的帮助。乔治听完卡耐基的诉苦之后，意味深长地说："你想想看，一杯牛奶被打翻之后，怎么办呢？是看着被打翻的牛奶哭泣，还是去做点别的？我希望你能够记住，牛奶被打翻已经是事实，这时候你唯一能做的就是汲取上次的教训，并赶紧忘掉这些不愉快。"

听完老师的这几句话，卡耐基犹如醍醐灌顶。他很快便放下了之前的苦恼，振奋起了精神。后来，卡耐基成为美国著名的企业家、教育家和演讲口才艺术家，被誉为"成人教育之父""20世纪最伟大的成功学大师"。

诚然，你或许成不了女卡耐基，但是人家用亲身体验所证实了的道理，我们还是有必要学习一下的。是啊，"别为打翻的牛奶哭泣！"牛奶打翻在地已经是事实了，再抱怨、再后悔也无济于事了，上帝是不会怜惜我们的眼泪的。我们唯一能做的就是忘记过失，接受现实，做好下一件事！

总有起风的清晨，总有暖和的午后，总有绚烂的黄昏，总有流星的夜晚，即便你我不喜欢，地球也照样转。生活就是这样起起落落，得此失彼。只要我们学会接受一切，我们就能为自己节省下时间和精力，去创造一个崭新的、更为丰富的生活前景，如此自然也就活出了高嫁值，岂不乐哉？

不要害怕暂时的落后，这是最好的逆袭机会

上中学的时候，我有一段时间因为贪玩，在学校开展的一次期中考试中，成绩不是很好。之前我的成绩一般都能保持班级前二十名，但那次却落后到了五十名左右。当老师公布成绩的时候，我真想找个地缝钻进去，心情很是低落、郁闷，甚至一度还产生了自我质疑，以至于对学习失去了信心。

母亲看到这种情况，没有批评我，而是给我讲了这样几句话，她说："人生是一段长路，谁先跑，不代表谁就是冠军。在半路的时候，你会看见你前面有人，或者后面有人。如果你休息时间太长，后面的人就会追赶上来。但是如果你加倍努力，前面的人也会被你超越，所以暂时的落后和领先都不算什么！"

听了母亲的话，我若有所悟，认识到自己如果因为一时的落后而萎靡不振、彻底绝望的话，那么到头来自己很可能会成为那种无所作为的女性。想到这里，我开始平静地面对一时的失利，努力振作自己的精神。经过一段时间的调整，我走出了那片绝望的阴霾，重新整合了前进的力量。

在我们生活中，几乎每一个女人都想处处表现优异，使自己成为众人中的佼佼者，但人与人之间难免有一个强弱之分。后来，每当遇到和当年的我有类似经历和感受的姐妹，我都会告诉大家：未来的路还有很长，暂时落后于别人并不能够代表什么，不必为此忧心，只要你肯努力，未来就不会差。

一次当当和我喝茶聊天时，谈及自己正在追的电视剧——《美丽笨女人》，感慨道："女人千万不要害怕暂时的落后，因为这是最好的逆袭机会。"在她的极力推荐下，我也追起了该剧，该剧讲述的是"一根筋"女孩莫愁从开

始被旁人认为“笨到令人发指”，然后通过自身的努力，到最后成功逆袭的故事。整个故事很轻松，也很励志。说起来，当当本人又何尝不是如此呢？

最开始认识的时候，当当并不是很起眼的女人。我所接触的这群人里面，有一些女人非常耀眼和出众，虽然年龄都不大，但思维非常活跃，眼界又开阔，加上自己手上有些事业，当当只能算非常中等的人才。但自认识她以来，我眼见着她一步一步地努力，严格地要求自己，在所有的小事上。

例如，当当不太擅长表达自己，也不太擅长言辞，当初大家插科打诨的时候她也不太能插进话去，我们所说的上至拉登奥巴马，下到大小S，她似乎对他们并不了解多少。有一次，我们在谈《非诚勿扰》最火的那集，日裔美籍博士安田那集，当当表示自己还没有看到，又问我安田那两个字怎么写，我看见她仔细记录在手机上，并悄悄告诉我回去一定会做“功课”。她是我见过的唯一一个在日常会话中会留心记笔记，然后回家做功课的人。以前她是不会说笑话的，偶尔说下，也觉得很僵，大家只能哈哈打圆场。但她一点都不气馁，每次都坚持说点无聊小笑话。结果是，我看到她能越来越多地融入大家的话题，现在她已经经常会变成话题的中心了。

除此之外，还有一件事情令我十分感慨。

几年前，当当无意中看到报纸上刊登了一家外企招聘市场总监的招聘消息。起初，她心里有很多顾虑，自己的英语说得不够地道，专业也不太对口……尽管如此，经过一番思想斗争的她还是决定试一试。一轮又一轮的面试之后，当当离那个年薪三十万的职位越来越近了，可这时招聘的主管却给她出了一个“尖锐”的难题：“你有车吗？你会开车吗？”原来，这份工作需要经常外出，没有车简直寸步难行。为了争取那份极具诱惑力的工作，当当不假思索地回答：“有！会！”招聘主管说：“好。那么，四天以后，开着你的车来上班。”当当是怎么做的？第一天，她从二手市场买了一辆汽车；第二天，她跟着朋友学习简单的驾驶技术，在一块大草坪上摸索练习；第三天，她半熟不熟地开着车上了路；第四天，她竟然驾车去公司报了到……

当当的故事是不是很励志？这样的逆袭是不是很华丽？我常常会跟身边的人谈起当当，说起她这些年的变化。在这，我也想告诉正在阅读本书的你，未来的路还有很长，落后都是暂时的，不管你现在怎么样，只要你肯去努力，想方设法去改变目前的状况，你会发现，生活会向着自己理想的防线前进，曾令你烦恼不堪的生命会变得美满快乐。

再比如我自己，以前在学校里我也有一些羡慕嫉妒的对象，例如一位万人追逐的校花，该校花长得十分漂亮不说，中文底子也特别好，是可以填古诗词的人，是当年我觉得高高在上，无法企及的人。而现在，我经过自己的一番努力，不仅踏上了文学这一条道路，还能帮助不少女性朋友改变思维、想法，甚至改变命运，也已经成为众人羡慕的对象，大家已经没有太大差别了。

人生，是长跑，而不是短跑。坚持跑下去，你就会跑出意想不到的价值。

生活之所以美好，只因有了希望

求学时期，听教授说过这样一句话：“希望是件好事，也许是最好的事。”

当时的我对此理解还不深刻，直到后来观赏了著名的美国电影《肖申克的救赎》。

故事发生在1947年，青年银行家安迪被当作杀妻凶手，被判无期徒刑关进了美国肖申克监狱。安迪是被冤枉的，他寻找各种线索来试图洗刷自己的清白，但当获知妻子被杀的真相以及政府腐败、官匪同流合污时，他知道自己不可能通过正常法律程序洗清冤名，只能冒险越狱。当得知安迪的计划后，肖申克的其他犯人们也蠢蠢欲动，毕竟没有谁愿意被一直关在这不见天日的地方。但肖申克的守备森严，越狱看来是不可能的事情，所以很多人把那当作一个美好的理想化的空谈。

但是安迪呢？他没有失去希望，更没有一蹶不振，而是努力控制和调适自己的情绪，心中一直坚持对自由的希望，他用一把刻石的小板斧，每天半夜在其他人睡熟后，就开始在墙壁上一毫米、一厘米地挖掘越狱的通道。为了避免被发现，用一张海报遮住了通道口，白天则把石头弄碎趁散步时悄悄撒到操场上。坚持不懈地挖了整整20年，安迪终于挖掘出了一个通道，最终他成功地逃出了监狱，追求到自由和希望——蓝天白云下，安迪在另一个国度，以另一个崭新的名字和身份，开始了他向往已久的航海生涯。

“希望与信念是不可战胜的，强者自救。”这是安迪的一段自白，说得多好。

“我希望得到命运眷顾”“我希望奇迹发生”“我希望……”每当听身边的女性朋友这样说时，我都会打断她们的话，并补充道：“那就不放弃希望，一个人，即使你一无所有，只要你有希望，你就可能拥有一切；而一个人即使拥有一切，却不拥有希望，那就可能丧失你已经拥有的一切。”

希望是什么？希望是失败者对成功的一种渴求，希望是死对生的一种企盼，希望是寒冬对春的一种向往。它可以让我们对自己所做的一切事情充满足够的信心，充满高度的热情，就算遇到重重困难和阻碍，也能够表现出最坚强、最无所畏惧的样子，进而才可能使人生发生巨大的转变。

海伦·凯勒从小双目失明，又聋又哑，她一度心灰意冷，以为自己命中注定要在与世隔绝的无声世界里绝望地度过一生。可是，一个卓越非凡的年轻女子闯进了她的生活，此人可以看作生活中的强者，她就是安妮·沙利文。安妮不仅排解了海伦的孤独、抚平了她的怒气，还总是告诉她，一定要心怀希望的阳光，善于在黑暗中看到光明。只要心存希望，那么一切都可以拥有。

在安妮的开导和鼓励下，海伦开始利用眼睛之外的其他感官来感受这个世界。每一天从早到晚，她都拉着母亲的衣角，去触摸、去闻各种她所碰到的物品。另外，她还学着模仿别人的动作，很快她就可以做一些简单的事情了，比如揉面、挤牛奶等。渐渐地，她还学会了靠摸别人的脸或者衣服来识别对方。

实事求是地说，对一个盲人来说，要摆脱黑暗走向光明，重要的是要学会认字读书。要想学会认字，学会阅读，那就要付出超乎常人的努力。

这一切，海伦都做到了。她不满足于自己仅能够看书识字，能够阅读，而且要让自己的水平越来越高。为了使自己能够说好一个词或句子，她要反复地练习，最终凭借自己的努力，她考入了美国哈佛大学的拉德克利夫学院。在大学上学期间，很多教材都没有盲文本，海伦要想学习，就只能靠别人将书的内容拼写在她的手上。这样一来，海伦在预习功课方面的时间就要比其他正常的同学多很多。

就在这黑暗而寂寞的世界里，海伦竟然学会了读书和说话，并以优异的成绩毕业，成为一个学识渊博，掌握英、法、德、拉丁、希腊5种文字的著名作家和教育家。后来，她还写出了感人至深的著作《假如给我三天光明》。

之后，海伦投身于盲人福利和教育事业之中，她走遍了美国，走遍了世界，将自己的一生都贡献给了盲人福利和教育事业，赢得了世界各国人民的赞扬，并得到许多国家政府的嘉奖。

心怀希望就永远有希望，别再怀疑希望的神奇力量了，它能够跨越性地把你全身的每一个细胞都调动起来，让你精神焕发，光彩照人，而这股力量必将提升你的自信，其结果必然是从内心深处焕发出来一种感染人的力量，从而摆脱当前的困境，赢得成功的青睐，获得别人的欣赏。

美好的生命应该充满希望，生活之所以美好，也因有了希望。每个女人，都该学会经常给自己一个希望，哪怕只是一个小小的期待和盼望，也会让你的心境和从前大不一样。从现在开始，每天晚上睡觉前，想象一下你渴望的生活，想象一下你渴望成为的自己。第二天睁开眼的时候，对生活心存美好的期待——新的一天来临了，又有新的希望出现在我们面前，我们又要去挑战了……

也许，一天天的生活中也会有不如意，也会突然有一块黑暗的幕布出现在我们面前，但只要心中拥有希望，终究会有一线光明透过这黑暗的幕布，让我们邂逅幸运和幸福。

看得开，拿得起，放得下

活着，实际上是一次生命的旅行。生命，更是一场漫长的跋涉。在人生的旅途中，我们会领略到各种各样的风景，品尝到酸甜苦辣咸万般滋味。如果我们把走过的、看过的都牢记心上，则会给自己增添很多额外的负担。如果懂得卸下没必要承担的重担，这样一路走来，是不是就会保持轻松状态呢？

时常听到一些女性朋友喜欢抱怨人生有多么不容易，生活有多么令人烦躁不安。细问起来，就会发现，她们是因为曾经遇到的人和事，或者正在经历的人和事让自己感到不满，于是产生了无限怨怼。如果是我的姐妹这样，我可能会说："你真是个傻丫头！"面对朋友、同学或者咨询者，我虽然不能这么说，但心里却同样是这么想的。

难道不是吗？事实上，我们要经历很多事，以后还有好几十年的路要走，我们还要经历更多的人和更多的事。不管是现在还是将来，如果你总是为一些已经过去的人和事而痛心、纠结的话，那么当下对你来讲有何意义？未来对你有何意义？所以，我一直主张，人要看得开，拿得起，放得下。

我的一位朋友是心理学医生，他曾接待过一位女性咨询者，该女士是一位海归硕士，工作能力很强，可以说是年轻有为。不过最近她时常感觉喘不过气来，她总感觉被烦恼的乌云笼罩，片刻不得安宁，也没心思工作。为了让自己赶紧摆脱这种情绪，在一个周末的午后，这位女士来到了我那位朋友的办公室。

朋友得知了女士的情况后，询问了她几个问题。通过这几个问题，朋友了解了她焦虑不安的原因，原来这位女士原本有很大的希望被晋升为市场部总监，可有一个和她暗中竞争的同事，竟然将她以前工作中曾经出现过的一次失误以书面形式递交给了上司。这样一来，这位女士升职的希望便在同事的嫉妒和攻击下暂时搁浅。因为没能顺利升职，这位女士心里便系上了一个疙瘩，怎么也解不开。

朋友了解了原委之后，并没有直接告诉她需要怎么做的办法，而是走到办公室外面拿来一个橡皮套和一个看起来有一定重量的砝码。然后朋友坐回座位，把那个砝码挂在了橡皮套上面，拎起了橡皮套。可能是由于砝码太重，也可能是因为橡皮套太细，总之眼看着砝码把橡皮套拉到了极限。

见此情景，这位女士不解，她细细地观察着朋友怪异的举动。这时候，朋友问道："那个陷害你的同事升职了吗？"女士摇了摇头。

朋友继续问："现在请你告诉我，你的那位同事所说属实吗？"女士有点不好意思地低下头，小声说："应该有一半是事实吧。"

听到这里，朋友微微笑着说："她没有升职，而且还帮你指出了不足，尽管她动机不纯，但结果毕竟对你有利无害嘛。所以，你应该感谢人家才对呀！以后你若能把曾经失误的地方都做好，是不是对你的职业生涯会更有帮助呢？"

经朋友这么一点拨，该女士似乎明白了，赞同地点了点头。

此时，朋友摘下砝码，而橡皮套立马弹回去大半。他把恢复原状的橡皮套递给了那位女士，并解释道："橡皮套虽然被砝码牵扯过，但现在它不是仍然恢复原有的弹性了嘛，你其实也是完整无缺的'橡皮套'啊！"

听完这一席话，那位女士恍然大悟：的确如此呀，那个同事并没有因为背后搞小动作而升职，而且她还歪打正着地让自己发现了问题所在。那么，还有什么必要为此而烦恼呢？自己不是又重新恢复"弹性"了嘛！

拿起来容易，放下的确挺难。人最大的愚笨有时就在于只想拥有，把得到看成了理所当然，而不知道如何放弃。所以，我觉得能做到这一点的女人就可以称为智者了。

我认识一位女性领导，她在34岁就做了某市的副市长，政绩突出，前程灿烂。但就在她飞黄腾达的时候，她因城市发生的一场大火被免了职。这样的结果对她是一个极大的打击，她的亲朋好友四处求人，希望能够帮助她恢复原来的职位。不过，她却平静地回到乡村，在自家的小菜园上种菜，施肥，捉虫，过起了平民百姓的平淡生活。家人看到这个情形都心急如焚，劝告她说："你这是在干什么呀？工作都没有了，怎么还有心情做这些事啊？"而她却不忧不怨地说："对昨日发生的事情耿耿于怀，只会让自己陷于无尽的悔恨和愧疚之中，而且白白浪费今天的大好时光罢了！"

离官退位后，这位女领导的周围依然是一些显赫的人士，富翁、高官、大财团的董事长……但是她与他们讨论的再也不是有关官场、名利等话题，她更喜欢一个人走村串巷向乡人讨教怎样才能照顾好自己的菜园，什么时节该播什么种子等，同时收集一些民间陶器作为自己的爱好。七八年过去，她一共收集了几十件民间珍宝，而且每一件都价值上百万元，后来她成了远近闻名、令人羡慕的收藏大师。

把心放平，就是一泓平静的水；把心放轻，就是一朵自在的云。

对于人生中的不如意，我们要学着看得开，拿得起，放得下。这是一种弹性的生活方式，可使你永葆一种理性的美丽。

不要等着暴风雨过去，学会在风雨中起舞

对于花花草草，我一向钟爱有加，也很喜欢用自己的双手进行栽培和种植。不过，起初我并不太懂养花的诀窍，以至于一些植物被我搬回家后就消亡了。为了解决这一难题，我上网搜索了一些资料。其中有一点引起了我的注意，资料中提到，植物需接受露水的滋养才能成长得好。

怎么才能接受露水的滋养呢？那自然是将植物暴露于室外暗夜里，任风吹雨打，任霜露滴洒。于是，我将花草从室内搬到了窗外的平台上，任由风霜雨露捶打它们。果不其然，没几天，我发现那些花草生长得更茂盛了，花朵开得更明艳了，其他两盆行将灭亡的盆栽植物居然也焕发了生机。我看着它们迎风顶露的样子，仿佛看到一个英姿飒爽的女战士，自信满满，斗志昂扬。

看到这一幕，我不由得感慨万千。从那个时候起，我把家中植物的生存空间由室内转向了室外，而它们都生长得越发生机勃勃，娇艳欲滴。通过种花的经历，我也参悟到，作为女人，我们也需要像花草那样经受风霜的洗礼，经受雨露的拍打，这样生命才会生机盎然，我们的嫁值将更高。

她叫雨洁，是一个年轻漂亮的女孩。和很多同龄的女孩一样，雨洁无忧无虑，生活过得风平浪静。两年前，她和相恋三年多的男友决定结婚了，幸福已经触手可及。可就在即将走入婚姻殿堂的前几天，不幸发生了：一次突如其来的晕倒，使得雨洁陷入了绝境——她患上了癌症！面对如此巨大的打击，雨洁的痛苦和绝望可想而知，但这个看似柔弱的女孩却迸发出了令人钦佩的勇气和坚强。

当美丽的秀发随着一次次化疗逐渐减少脱落，那个曾经海誓山盟的未婚

夫终于坚持不住了，最后一去无踪。但雨洁并没有因此陷入消沉，她选择勇敢、乐观、坚强地面对病痛的折磨，每天看起来都乐呵呵的，她坚持每天穿美美的衣服，有时还给自己化淡淡的妆，她说癌症并不能阻止我成为一个公主。一般癌症患者都需要心理上的康复疏导，可是雨洁却全然不需要别人的疏导，不仅如此，她还去疏导别的病人的情绪。“生活，不要等着暴风雨过去，要学会在风雨中起舞。我希望我的乐观，也能改变所有正在与病魔对抗的人们”，为此她还在医院临时组织了一个歌唱团队。

就这样，雨洁不仅让自己的生活重新明亮和鲜活起来，而且还大大地鼓舞了同院的其他病人们。靠着一颗强大的内心和乐观的心态，雨洁的癌细胞得到了很好的控制，病情越来越好，越来越稳定。现在，她的身体已经恢复得差不多了，而且她的勇敢、乐观、坚强吸引到了一位非常优秀的男士，两人准备明年结婚。我们有理由相信，雨洁未来的生活会更加美好。

生命不光有风和日丽，也有苦风和凄雨。不经历风雨，怎么见彩虹。换做你我，能有雨洁这股不抛弃、不放弃的劲头吗？我们的人生固然不会都遭遇如雨洁这般强烈的打击和不幸，但小小的挫折和坎坷也是难免存在的。此时，我们不能示弱，不能退缩，要做个强者，去拼搏，去奋斗。

一个女人，只有经历风雨的洗礼，才能绽放出生命中那朵芳香四溢的花，才能成为人人艳羡的高嫁值女神。在此，我要为女性朋友们提个醒，这并不是一句装点门面的空话，也不是弄虚作假的作秀，它需要你在生活、工作以及待人处世的每一件事情上付诸行动，证明给别人看，更要证明给自己看。

两年前，一位记者朋友和我相约出去旅行。在我们相处的几天里，她给我讲述了几年来所采访到的一些各个领域的成功女性的故事和经历。其中，某网络公司创始人李女士的经历很令我触动。

李女士原本是一家 IT 公司的市场总监，她的经历相当丰富，她经历过工作的变故，遭受过朋友的背叛，恋人的劈腿，甚至亲人的离去，但这些伤痛并没有使她丧失继续追求生活的勇气，这个清秀的女人永远都在保持微笑，而且经常哼唱喜欢的歌：“红颜娇美承受雨打风吹……风雨彩虹铿锵玫瑰，再多忧伤再多痛苦自己去背。风雨彩虹铿锵玫瑰，纵横四海笑傲天涯永不后退。”

在事业最辉煌的时候，李女士萌生了自己创业的想法。创业路上艰辛是难免的，原来出门就打车的她也开始挤公共汽车了，出差能坐火车就不坐飞机了，原来宽敞舒适的办公室也成了历史，而且各种困难一股脑儿地向她砸来……李女士辛酸地问自己：“我究竟是想要什么？这样值得吗？”好在抱怨之后，李女士很快便面对现实，她始终坚信：风雨过后总会见彩虹。

功夫不负有心人，李女士的创业之路越走越精彩，她的网络公司成功入围中国最具投资价值企业百强，而她本人也获得了中国经济女性成就奖。回顾这些年的经历，李女士曾百感交集地对我的这位记者朋友说：“这些磨难磨炼了我的意志、坚强了我的性格，使我成为一个内心无比强大的女人！”如今，李女士身上散发着淡定成熟的女性魅力，赢得了许许多多人的赞扬和钦佩。

试想，如果没有遭受各种磨难，如果没有经历创业的艰辛，没有面对困境的坚韧和执着，李女士还能成为如此优秀的女企业家吗？正因为她选择了奋斗，所以才在饱经风雨之后，绽放为最亮丽的一朵“铿锵玫瑰”。如果你感觉自己有所欠缺，如果你想提高嫁值，就赶快像这样的女性学习吧！

亲爱的，愿你永远做个小女孩

女大十八变，对大多数女性而言，这句话是真理。

曾经的野丫头，如今变成了举止优雅的淑女；

曾经的假小子，竟然成了中文系的女硕士，谈吐文雅，如风中水莲一样有古典韵味；

曾经最喜欢吃路边摊的胖丫头，如今拥有魔鬼身材，大谈美食修身经；

曾经默默暗恋隔壁帅哥的纯情小女生，如今换了N任男朋友；

曾经立誓要像三毛一样远行的文艺女孩，如今当了公务员，过着最安稳的生活……

女人的改变，只要遵循着内心的需要，只要遵循着生活，都能够让人理解，有时候甚至让人惊叹。但有些改变，却让人惋惜：

曾经相信爱情的女孩，为了金钱被人包养，甘愿做“小三”；

曾经胸怀大志的女孩，被现实打击，只想找个人嫁了，每天都在吃相亲宴；

曾经美丽热情的女孩，经历了几次失败的爱情，自暴自弃，如今随随便便；

曾经想要赚钱养家的女孩，如今唯利是图，不近人情……

不少女人经常感叹生活的无奈，产生迷茫。当她们翻开相册，看到从前的自己；当她们翻开日记，看到曾经的心愿，都会觉得“恍如隔世”。每当看到这种改变，相信她们自己也想问问：“这真的是我想要的生活吗？”她们有时觉得不认识自己，无比怀念少女时代的那个单纯的、简单的自己。

女人究竟因为什么事改变，因为什么迷失？也许是某个挫折，也许是某个人的劝诫，也许是突然有了目标，也许是一直以来的愿望……这些都有可能，但究其根本是因为一颗复杂的心——被琐事烦扰，被世俗羁绊，被纷纷扰扰的世界牵着走，于是逼着自己变得圆滑世故，甚至做一些违心的事。

经常听一些朋友抱怨，女人似乎年龄越大，幽怨越多，眼神里面都是浑浊。我想，对于这个问题固然不可一概而论，但也很可能在一定意义上反映了某种社会现实。我们可以留意一下，那些眼神明亮、清澈的女性，不管她是风华正茂的年轻人，还是年过半百的老人，都会有一种难掩的神采，令人看了赏心悦目。

其实，这些女性之所以能给人这样的感受，并非她们过得多好，而是因为她们学会了用澄明的眼光看待周遭的一切。即使遇到一些不如意，她们也会及时地将这些负面的东西给清扫出去，还内心一片明澈和淡泊。如此一来，她们内心的空间也往往足够开阔，她们的脸上就容易闪烁着天使一般的光芒。

在一个阳光明媚的天气里，贝壳琼琼爬到海滩上，打开自己的双壳。另一只贝壳瑶瑶看到了，就非常奇怪地问："琼琼，你这是在干什么呢？"琼琼说："我在晒我的心呢！"

瑶瑶听了之后就更奇怪了："为什么要晒你的心呢？"

琼琼说："这可是我的秘密武器。每过一段时间，我都会挑一个阳光很好的天气来到这片沙滩上，好好地晒一下我的心，把过去心中的污浊之气都晒走，这样心就不会发霉了，我的心就又恢复轻盈和干净了，我就能爬得更快了。"

你是否会像琼琼那样关心你的心灵，给自己一个特别的时间去晒一下你的心？其实，每个女人的心原本就像一个透明干净的容器，而烦恼、怨恨、恐惧等负面情绪就像是灰尘一样，负面情绪堆积太多，就会把容器弄得不再透亮。如果想要感受幸福和快乐，我们就要时常擦拭自己的心灵容器。

经常听周围的姐妹说，在她们眼里，我总是活得很快乐，似乎烦恼总是离我很远。其实，并不是烦恼不找我，而是我也会像贝壳琼琼那样及时"晒一晒"自己的心，时常为它做打扫。我的这一态度影响了身边的一些好友，也影响了很多的学员和读者。为此，我感到由衷的欣慰和自豪。这也让我更加愿意将自己的感悟分享给越来越多的姐妹，让大家的心情都变得更好，让各自的生活都变得更好。

阿玲是一位向我做过咨询的年轻女孩。在和相恋 3 年的男友分手后，阿玲伤心欲绝。很长一段时间里，她把自己一个人关在家里，每天听一些伤感的音乐，还不时地翻看以前的照片，整个人都瘦了一圈。朋友约她出去参加聚会她不去，朋友让她出去旅游她不去，父母给她安排一个新的工作她也不去。后来，在阿玲的闺蜜及其家人的劝慰下，她才肯走出家门，来我这里接受咨询。

记得阿玲到来的那天，我们倾谈了许久。其间我曾告诉她，一个女人最好始终保有天真的一面，有对美好生活的憧憬，去拥抱生活中的沟沟坎坎。她似乎有所舒展，我看到她的眼神平静了很多。当时正有一束暖暖的阳光照进来，她用眼神迎接了那束阳光。现在，阿玲没有再表现出消极的悲伤，而是重新感受来自生活的鲜活，她穿着背带裤站在阳光下大笑，和社区的小孩们一起玩游戏，坐在大街上吃冰淇淋……她不但没有失去爱的能量，现在还是状态超好的万年少女。

还有什么比看到自己的“病人”完全康复更令人兴奋的事呢，我从心底里为阿玲祝福！

同样作为女性的你，在日复一日的生命旅程中，也难免会遭遇这样那样的不如意。哪怕这个社会不如你所想，哪怕一路跌跌撞撞，任何时候，都不要忘记自己的本心。经常关照自己的内心，为内心来一次“沐浴”，清扫堵塞心灵空间的阴霾，让我们的心重新洒满阳光，继续善良，保持纯真。

亲爱的，愿你永远做个小女孩。不论是在风风雨雨中不改初衷，还是在历尽磨难后重拾本心，发现世界的美好，演绎自己的精彩，最终会人见人爱。

安心地等待，终会破茧成蝶

陈露是我认识的一个再普通不过的女孩，正因为不甘于普通，她一心一意想得到晋升，天天踩着高跟鞋东奔西跑。在我的印象中，她总是行色匆匆，一手夹着公文包，一手拿着手机，边走边拨号，时不时紧皱眉头。四年来，她每个星期工作六天，平均每天工作十二个小时，但她不但没有如愿顺利晋升，还感觉不到一点快乐，因为同事们都认为她激动易怒，做事手段太强硬，领导们则认为她不够稳重，有些偏激，处理事情不够理智，而这些都源于她浮躁的性格。

在公司内部，当上级部门向她下达工作任务时，她总是想更快更好地完成任务，但是一旦做起来就认为工作太烦琐，开始抱怨领导的不公。问题处理到一半就找领导沟通，认为这项工作根本不可能完成，简直就是在难为自己；当同事跟她一起开展工作时，她总是嫌弃别人动作太慢，效率低下，甚至责骂同事头脑太简单，为此谁都不愿与她一起工作。对此，陈露十分苦恼，“我感觉工作的压力太大了，整个人经常会莫名其妙地处于焦躁不安之中，头痛、失眠，而且动不动就想发脾气……”

面对陈露这样的情况，我苦笑，浮躁真是幸福的天敌。

什么是浮躁？即心不稳，气不沉，漂浮不定，躁动不安。

不管做什么事，你是不是都很希望能够一步到位？比如，找一份工作，希望可以一直做下去，然后慢慢升职加薪；找一个恋人，希望可以结婚生子，白头到老；渴望着能够一鸣惊人，试图一夜之间让自己的生活达到一种翻天覆地的变化……当然这都是身为一个年轻女性的美好愿望和理想。

别忘了那句话：理想很丰满，现实很骨感。到了现实中，要实现我们最终的目标，往往需要经历太多的等待和坚守。等不得"一步一个脚印"的人生，脚印踩得不实，人生留下的痕迹也就不深，那人生的价值何在呢？所以，浮躁只会让步伐慌乱，可能还会后退，前进的时间不但没有缩短反而加长了。

所以，我时常告诫那些试图一夜之间就收获爱情、财富、地位的女性朋友，天下有成之事都不可能一蹴而就，要想实现理想中的目标，绝大多数人都必须默默无闻地经历一个相当长的时期。一个女人要达到豁然开朗的境界，也必然要经过一段昏暗狭窄的路程，正所谓"不鸣则已，一鸣惊人"。

你看，飞舞的蝴蝶是美丽的，那种美丽是因为蛹曾经在厚厚的茧壳中，在黑暗与无助的寂寞中默默地等待并挣扎，才为自己迎来了这份自由灿烂的美丽；鲜艳的花朵是美丽的，那是因为泥土中的种子在寂寞的时光中悄然地舒展着生命，等待着温柔的春风与细雨，给它重生的希望。

在一本关于世界奇特植物的书籍中，记录着地中海东岸沙漠中生长的一种蒲公英的故事。这种蒲公英的奇特处在于它不是按照季节来舒展自己的生命的，如果天空不下雨，它们就会一直都不开花，直到枯死。但只要有一场雨落下来，哪怕雨量再小，它们都会抓住这一难得的机会，迅速张开自己的花瓣，并抢在雨水被蒸发干之前，做完受孕、结籽、传播等所有的事情。

由于这种植物的独特性，受到了当地人们的喜爱，中东地区的居民常将它作为礼物送给亲友。犹太人就有这样的习俗，他们常把它赠送给拥有智慧而又贫穷的人。中东地区的居民之所以送人蒲公英，是因为只要把它埋在花盆里，浇上水就会开花。犹太人则认为，在这个世界上，穷人发展自己、提升自己的机会就像沙漠里的雨水一样少，但是他们只要拥有了像沙漠里蒲公英这样的品性，能够坚韧地生长，默默地等待，等到机会来时紧紧抓住，就一定能够取得理想中的成就。

蒲公英因为努力和等待而得以绽放，由这个故事，我们可以联想到自己。我们心怀一个目标，就要想方设法去达到。当遭遇困境无计可施时，不要再一味鲁莽向前，不妨做一颗坚韧的蒲公英，养精蓄锐也好，韬光养晦也罢，沉下心来看清前后的道路，莫让浮云遮望眼，静待时机的到来。

时间是宝贵的，通往成功的道路只有两条，那就是力量和坚韧。我欣赏那些不浮不躁，默默坚持的女人，她们褪去了稚气与浮躁，做事情沉稳踏实，有如山一般巍然。

去年我曾去湖南旅游一周，认识了当地的一位女企业家，并了解了她的故事：

年仅 14 岁的时候，由于家庭贫困，她便辍学了，在湖南益阳的一个小镇上卖茶。与其他卖茶人不同，当时一毛钱一杯的茶，她的杯子总是比别人家的大一号，所以卖得是最快的。

17 岁那年，她依靠自己在镇子上卖茶攒下的钱，将卖茶的摊点搬到了益阳的市区，并且改卖当地特有的“擂茶”。制作擂茶是很麻烦的一件事，但是她凭借着自己的努力，很快便掌握了其中的技巧，她的茶摊前总是显得很忙碌。

20 岁，她的职业依然是卖茶，只不过卖茶的地点从益阳搬到了省城长沙，以前的小摊也换成一间小门店。喝茶的客人进门以后，其服务周到，价格合理。客人们临走前总是从这里买上几袋茶叶，因为这里的茶叶品质很好，值得信赖，绝对不会出现以次充好的情况。

24 岁那年，她已经和茶打了十年的交道。而在这十年后，她在全国各地拥有了五十多家茶楼。福建安溪、浙江杭州一带的茶商提及她的名字，总是交口称赞，因为她从来不拖欠茶款，茶商也愿意将最好的茶卖给她这个懂茶之人。

这并不是她的终极目标，她最大的目标是让在原本习惯喝咖啡的国度里也能洋溢着茶的香气。随着社会发展速度的加快和各种新事物的层出不穷，总会出现一些一夜暴富的神话，但是她始终耐心地和茶水打交道，耐心地与品茶的人打交道，她说：“我是个卖茶的，也永远是一个卖茶的，我一定会一条路走到底。”

就这样，在30岁那年，她把自己的茶庄开到了新加坡、泰国等。

很多人羡慕这个女企业家的成功，觉得她是赶上了时机，运气很好。其实我们都忽略了一个最简单的道理，她拥有一种成功最重要的品质，那就是坚持，在岁月中默默地坚持。卖大碗茶的人有很多，最终能开上茶楼的人也不在少数，但是能够将一杯茶水卖上十几二十年的又有几个呢？

滴水不求朝夕之效，故能坚持到穿石的日子。它拒绝急功近利，所以能勾起人们长久的怀念，能永远地发挥作用。事物的成长要遵循一定的自然规律，而人生的成功也需要时间的积淀。静静流淌的岁月中，不知道有多少人愿意脚踏实地，戒骄戒躁，一点点地积累，最终获得幸福。

不为浮躁左右，踏踏实实做事，剩下的结果交给时间就行了。

亲爱的，别着急，属于你的美景，一定会如期而至。

跌倒了，站起来就好

假日里的一天，我和我的先生一同去离家很近的公园散步，在那里遇到了我们的邻居木子太太，她正陪着她刚上小学的儿子石头在玩耍。一路上石头蹦蹦跳跳，把妈妈甩在了后面。结果，一不小心，石头被路面上的一个小石头绊倒在地。

木子太太看了看儿子，并没有过去扶他，而是大声说了一句："石头，男子汉，站起来！"可是，石头并没有站起来，而是趴到地上哭开了。

木子太太走到儿子面前，指着地面上爬行着的蚂蚁说道："石头，你看这是什么？"

石头趴在地上说："不知道。"

妈妈说："这是蚂蚁。你看看，蚂蚁身上背着比它身体还重的东西呢，它爬行的地面也有很多的障碍物，但是它也不会被吓倒。你说，蚂蚁是不是很了不起呀？"

石头立刻说："是！"

妈妈趁热打铁，说道："妈妈相信，你也不会被眼前的困难吓倒，是吗？"

石头听了妈妈的话后，似乎忘了摔疼的身体一般，一骨碌便起身站了起来。一边站起身，还一边说："妈妈，你看我没有被困难吓倒吧！"

看着儿子的表现，木子太太欣慰地笑了。

看到这一幕之后，我也由衷地为这位邻居的做法叫好。待石头站起来，我和先生才走过去和母子二人打了招呼，并对木子太太的做法表示了称赞。

一些年轻的女性朋友已经做了母亲。在陪伴孩子成长的过程中，我们常会遇到孩子跌跤的情况。这时候，你都是怎么做的呢？我自身也是一位母亲，我有一个可爱的女儿。当我遇到这种情况时，我也会选择让孩子自己站起来。除非对她的生命健康有危险，我才会去扶她起来。

其实，我们成年人和孩子在这一点上是一致的。我们也会在人生路上跌跤，可这有什么好怕的呢？只要站起来就好了。正如世界名著《老人与海》作者海明威说的："你可以被打败，但不能被打倒。"其中的意思一目了然，它道出了人可以失败，但不能因为失败而一蹶不振的道理。

遗憾的是，作为一个同样会在人生路上跌倒的女性，很多人并没有这样的态度和意志。而且有的年轻女性受一些传统观念的影响较深，认为和男人相比，自己有一定的性别弱势，于是习惯性地放弃、放弃、再放弃。她们只看到无数和她们一样彷徨的芸芸众生，于是认定：这便是人生。

这实在是太可悲了，不是吗？

我亲爱的读者，如果你也有这样的想法，那么，请收起来吧！这个世界不会因为你是女人而对你网开一面，更不会因为你是弱者而对你有所同情。换句话说，你同样需要靠自己的奋斗，靠自己的拼搏取得属于自己的成功。哪怕失败了，也不要气馁，而是告诉自己：跌倒了，站起来就好。

其实人和人之间的差距并非是失败的有无，而是在失败时以怎样的心态来面对。我的母亲曾如此教导因受打击而一蹶不振的我：实际上，失败并没有我们想象的那么可怕，它只是给了我们一个机会，让我们更好地认识到自己所欠缺的，从而促使我们为接下来的战斗积蓄更多的力量。

写到这，我想起中学时的一位女同学。为了保护其个人隐私，我姑且叫她的小名阿月吧。

当年，阿月因为 5 分之差没能考入理想的学校。而因为家境不好，又不想复读。当时，有人劝她说干脆随便上一所专科院校，或者读一个高职院校。阿月并没有听从大家的建议，而是选择了另外一条路。阿月来到了这座位于南方的一线城市，开始了辛苦的打工生涯。在熟悉了工作流程之后，阿月觉得自己有必要学习点东西了，她报考了当地一所重点高校的自考本科。

一边要工作，一边要学习，有过自考经历的朋友都知道，这条路走起来很是辛苦，但阿月勤奋苦学。面对渺茫未知的将来和异常艰难的专业知识，她既不畏惧，也不说苦。当母亲问她如果失败了怎么办时，她微笑着回答："我不会失败的，只要我学到了这些知识，就算成功了。"仅仅用了两年半的时间，阿月就完成了全部科目的考试，并且顺利拿到了曾经和自己错失的大学毕业证书。

之后，阿月依然辛苦地工作，认真地学习。3年后，她又拿到了注册会计师的资格证。有了这个证书，加上之前的工作经验，阿月的"身价"一下子飙升到了年薪30余万元。

如今，阿月已经是一家跨国公司的财务主管了。

在跌倒中爬起，在失败中奋起。内在的韧劲和个性从里到外散发出来，这样的女子，不必刻意表现，其自身魅力也会一览无遗，而且人生也会迎来美好的结局。关于阿月的经历，我也时常讲给我的学员们听，大家也纷纷表示她是一个十分了不起的女性，是自己学习的榜样。

在这方面，我对自己采取的调整策略是，当因为失败和挫折而感到颓丧的时候，就让自己抽离出事情本身，清醒地问问自己："我为什么会遭遇失败""我应该如何做才能将失败的损失降到最低""我能够从这次失败中学到什么""下次遇到这样的事情时，我应该怎么做"……我把每次失败都变成一次完善自我、提高自己的机会，进而完成了一次次难得的自我蜕变。

亲爱的，你不妨也试试吧！

Part 9 做一个世界的水手，游遍每一个港口

如何让一滴水永不干涸？答案是——让它流入大海。你的世界存在于你的头脑，你的头脑有多开阔，你的世界就有多宽阔！眼界，思想，境界，见识和智慧，这些很重要。趁着年轻，多学习，多经历，多见识，去不同的地方，看不同的风景，做不同的事情……当世界越来越开阔时，你的嫁值就越高，人生越充满无限的可能。

女人的大格局，从不是宫斗剧

“人生最怕格局小”，第一次听到这句言论之时我深以为然。女人可以讲讲生活小格调，但做人不可以没有大格局。我以为，大格局不在雄心抱负之大，不在事业之辉煌，而是一种走出狭隘自我，不为外物所扰，不为琐事而烦，放眼看世界的心境。

走过一些大大小小的地方，见识过各种类型的女子后，我发现，一些女性之所以过得不如意，之所以嫁值不高，很多时候就在于格局太小，目光短浅，关心的事情太狭隘，总是处心积虑地和人钩心斗角，成天为鸡毛蒜皮的小事忧心和劳神，经常把时间浪费在既无意义也无意思的事情上，各种拧巴、憋屈和不痛快。她们说生活越来越不怎么样，却不知道这种情况正是她们自己造成的。

我有一个挺要好的女同学，什么都好，就是格局太小，特别能抱怨。无论大家去哪里玩，吃什么东西，在什么时间，她都会喋喋不休地向我们大吐苦水。年轻人都有哪些苦水呢？其实无非就是有些同事凭什么晋升得比自己快，工作上同事给自己穿了一次小鞋，为了保全职位不得不学着拉拢同事，等等。起初我和另一个同学还经常安慰她，不必为这些事计较，但她不听，后来我们只能默默地听着，该吃吃该喝喝，不做任何发言，因为该说的话已经说了，已经完全不知道该说什么了。再后来，我们再聚会的时候，都要考虑，要不要叫上她了，唉。

如果你每天都在跟一地鸡毛搏斗，风一来，鸡毛乱飞，你忙了一场，也是毫无所获。

很多人觉得，那些看上去很好的女人，她们的生活一定没什么迷茫和烦恼，她们才是人生的幸运儿呢。但事实上，每个人都是一样的，只是有些女人格局无限大，心怀无限大，她们不会在一个小世界里团团打转，她们在乎更重要的事，忙着自我提升，忙着生活情调，一地鸡毛？风吹吹就走吧，看多了浪费心情。

我在进行高校巡回讲座时，一位姓刘的女老师主动前来拜访面谈合作事宜。这位刘老师虽然年纪轻轻，不过二十七岁，但思想活跃，见解开明，我们的很多想法不谋而合，各种思路如火花不断碰撞迸发。时间久了，刘老师在我微信好友里的标签，从“工作”变成了“朋友”。认识刘老师之前，我一直认为大学老师是这世上最舒服的工作——每周就几节课，不用朝九晚五地坐班，不用应酬难搞的客户，一年三个月的大长假……多么逍遥，多么自在，但很快我便认识到，不然。

据我了解，刘老师负责《哲学》和《思想政治》课程的教授，这两门课程都是很枯燥无味的，但刘老师却能讲得深入浅出、生动有趣，她的课很快成为本校最受欢迎的课程。由于在教学上突出的表现，刘老师被评为“年度优秀教师”，还被其他院校邀请做经验分享。木秀于林风必摧之，结果几个不得志的女同事不服了，她们有人到系领导面前一把鼻涕一把泪地哭诉不公，还暗地里抱团给校长写了一封匿名信，说刘老师年少轻狂、爱出风头，总之想方设法地挤对刘老师。据说，有一个同事心理不平衡，觉得自己是老教员，凭什么这么好的机会让资历尚浅的刘老师“捡”了，于是对刘老师的态度很尖刻，说话很不客气，有时还带着“刺”：“有些人爬得真快，也不想想是谁在给她垫着背”“人家年轻长得好看，悄悄抛一个媚眼，自然就能得宠”……

遇到这种事情，谁都会感到气愤吧。不过，刘老师似乎丝毫没有受影响，她对那些无事生非的人敬而远之，继续心无杂念、一门心思地教自己的课，工作之余还自学心理学课程。她关注学习相对落后的学生，调停学生矛盾，不厌其烦苦口婆心；她四处奔走联系优质的招聘企业，为学生寻找实习和就业机会；协助我安排校园讲座的大事小情，为我推荐优秀人才……这一系列工作，使刘老师在学生心中树立了威望，赢得了敬重和爱戴，也一次次得到了校领导的表扬。

“原以为只有企业里才有这些明争暗斗的，”我感慨地说。

“咳，哪个地方都有这种人，”刘老师笑，“其实有什么呀，我们又不是后宫里的妃子，大家都是干工作的，不是来争宠的。现在我把时间和精力都用在了我的学生身上，虽然累点，但心里很干净，而且学生们如此认可我，我感到很满足。”

看着刘老师明亮的眼睛和坦然的笑容，我突然意识到，刘老师不只是给我树立了一个爱岗敬业的榜样，更让我懂得了女人的大格局。

自古有女人的地方是非多，但有大格局的女人，视野广，见识多，从不把时间浪费在这种既无意义也无意思的事情上，她们深知怨妇的悠悠之口从来堵不住，她们最有力的还击就是嫣然一笑，视若不见，充耳不闻，她们始终明确自己要什么，始终昂首向前，朝着自己既定的目标前行。当取得更大的成就和荣誉，当她们比别人强很多，并让众人望尘莫及时，众人只能欣赏。

同样是一把盐，你放在一杯水里，这杯水足可以苦得叫你难以接受，但你把这把盐放入一个湖泊或者大河中，它就不苦也不咸了。走出狭隘的自我，放大自身的格局，那么所谓的苦恼、忧愁、痛苦就显得微不足道、可有可无了，不是吗？

请相信，你的世界足够大，从不是宫斗剧。那些鸡毛理应随手拂掉，保持最开朗、最明澈的心境，如此也就能腾出更多的精力去放眼世界，去赢取更好的明天。

腹有诗书气自华，最是书香能致远

经常有很多人问我，到底怎样才能成为有见识的姑娘。

于我来说，简单且万能正确的答案，肯定是“腹有诗书气自华”。

“腹有诗书气自华”，这是千年不变的真理。我身边就有这样一种女人，她们虽然穿着普通的衣着，经常素面朝天，可走在花团锦簇浓妆艳抹的女人中间，她们反而会散发出夺目的光辉，让人过目难忘。是什么让她们拥有了独特的魅力？是气质，是浑身流溢的书卷味，使她们显得与众不同。

早先有句俗谚，说女人是“头发长，见识短”，意指女性的百结愁肠，也不过是因为生活区域太窄，阅历太浅，读书太少。而读书不仅可以增长我们的见识，拓展我们的知识领域，还可以陶冶性情，丰盈一个人的气质、思想、心灵，如此才不会狭隘，才会有好的品格，提升自身嫁值。

例如林徽因。林徽因是一个集秀气、才气、灵气于一身的女子，徐志摩爱了她一生，梁思成相伴了她一生，金岳霖等了她一辈子，她还是众多男人的“梦中情人”。她之所以如此魅力无穷，很大程度上是因饱读诗书。

林徽因出生在书香之家，5 岁时，大姑母林泽民成了她的启蒙老师。林泽民是清朝末年的大家闺秀，自小接受私塾教育，诗词歌赋、琴棋书画也算样样精通，她教会了林徽因读书识字，奠定了林徽因的文学修养。林徽因骨子里就带有浓郁的诗味和典雅，那时候幼小的她在家里总是手捧一册册线装书，认真地阅读着书卷里的词句，也许她读不懂其间美好的意象，读不懂那诗意的情怀，读不懂冷暖的故事，但她却从此爱上了书，爱上了淡淡的墨香，爱上了锦词丽句，还有淡雅清愁。

跟随父亲前往英国圣玛莉学院学习时，林徽因经常一个人待在居住的寓所，调一杯咖啡，偎在壁炉旁，读喜欢的书。许多名作家的诗歌、小说、剧本，她都一一阅览，这对于她后来的文字创作奠定了深厚的基础。有时候，她也会加入到父亲的各种应酬中，以女主人的角色接待当时的或将来的精英：著名史学家威尔斯、小说家 T.哈代、美女作家 K.曼斯菲尔德、新派文学理论家福斯特……虽然林徽因年纪不大，素面朝天，但因为知识积累丰富，她出口成章、挥笔立就，给来访客人留下了深刻的印象。

再后来，无论是在沙龙聚会中，还是日常生活中，林徽因依然坚持与书为伴，她的书柜里摆满了国内外的著名书籍，她总是尽最大能力去阅读，知识越来越丰富。和她说话总能使人神清气爽，俗气全无；她那言行举止所流露出的质朴与含蓄混合的文雅之美令人仰慕。而且，无论是近看或是远瞧，她都别有神韵，素洁高雅，虽年近不惑，却浑身充满青春活力，这也许就是“腹有诗书气自华”练就的极致吧。

我认为，女人都当如林徽因一样爱读书、有才华、有见识以及美丽。那些读书的女人即使脸上稍有风霜，在我的眼里依然会魅力十足，眉梢眼角俱是智慧，一举一动皆是修养。而有的女子尽管年轻漂亮，但没有用知识去武装头脑，眼光浅，见识短，当然摆在任何地方都很难显出个人价值。

所以，当别的女人津津乐道逛街、玩时尚的东西时，我则喜欢陶醉在书的世界里“放牧”自己，让知性的气息在读书中慢慢升华，让生活在读书中日渐丰盈滋润。只要有一本好书可读，便没有孤独寂寞的时候，就没有卑微无奈的境地，没有情何以堪的窘况。不知你是否和我有过同样的感受？

那么，年轻的女孩该看什么书呢？不少人都有这样的疑问吧。

答案是，要读一些有利于了解自己、了解女人、了解社会、了解未来的书籍。很多姑娘人生走错路、不开阔，是在应该用理智的时候，用了感情。所谓见识，意味着你必须有更多科学的认知。谁都喜欢看浅白有趣、情节引领、情绪渲染的书，比较容易就带来阅读的愉悦感，但其实最该读的是一些高价值的书籍，它高于人们的平均认知，需要我们慢慢思索、咀嚼、推敲。也恰恰是这些书，更能冲击我们固化的思维，慢慢地，使我们的视野、认知角度、思维方式都有所不同。

接下来，我要谈的是我年轻时所读过的一些有益的书籍，或者后来读的哪些书曾让我感慨“如果20岁前能够读到就好了”。

法国思想家卢梭的《忏悔录》，我在大学期间读到了它。那时的心思仍然单纯、透明，却隐约感到了即将逼近的社会的复杂，而《忏悔录》正好是把这两种东西同时呈现给我。这本书最大的意义不是帮我决定未来的生活，而是借别人的问题来认识自己，来帮助自己的生活更加有滋味。

英国女作家弗吉尼亚·伍尔芙的《一间自己的屋子》，指出每个女人都该有自己的房间,这个物理上的房间映射着心灵上的独立空间。年轻时的我们，是规划人生的开始，也是认识自己的开始，你是什么样的人，会从你如何构建心灵的房间开始。每个女人都该每天面对自己，梳理或者休憩。

法国文学家罗曼·罗兰的《约翰·克利斯朵夫》。自我觉醒，这是人生最重要的一步。意识到自己，让生命力和意志释放出来，开始创造些什么，我认为这就叫作“成熟”。在这本书中，克利斯朵夫与本能搏斗，从蒙昧里挣扎，百折不挠，渐渐明白爱憎是非。读完《约翰·克利斯朵夫》，我也知道该怎样做人了。

你看，读书就是这样改变我们自己和我们的生活的。

打造属于自己的高品质人脉圈

在生活中，你是否有过这样的抱怨：抱怨自己没有富爸爸富妈妈，没有给自己创造成为富家千金小姐的机会，没有机会认识那些多才多金的优秀男人，更没有足够的资本做一番自己的事业？常常抱怨的这类女人不在少数，但我们往往忽视了一个最重要的力量，那就是人脉圈，高品质的人脉圈。

我们常说女人如花，花朵想要盛开需要做什么？需要把根牢牢地扎在土壤里，要不断将自己的根须扩展到四面八方，根须触及得越广，扎得就越牢，也就越不容易被风吹雨淋打倒。对如花女人来说，根须就是人脉，就是她的人际关系网，也就是俗称的“圈子”，这个圈子品质越高越好。

人脉能彰显一个女人的个人魅力和品位，都说物以类聚，人以群分，一个女人和哪个群体接触最多，说明她的身上一定有这个群体的气质。试想，一个整天在主妇堆里说家长里短的女人，一个整天与一群追潮流的密友分享穿衣经的女人，一个经常与名流来往的女人，她们的气质肯定截然不同。

而且，人们早就发现，有人脉的女人能够左右逢源，不论在事业上还是在生活上，认识的人多，能够帮忙的人多，都会为自己提供一定的便利。认识的人有关系，可以降低自己做事的难度；认识的人有能力，可以为自己提供各方面的帮助；认识的人有智慧，可以成为自己的军师指导，让自己少走弯路……

拿我自己为例，我能为圈里人提供的最简单直接的帮助就是把一个我认识的人介绍给另一个我认识的人。这对我来说只是举手之劳，但对他们来说却可能意味着找到了一个新的重要合作伙伴。在帮助别人的过程中，我也收获了很多惊喜，比如创业者感谢我对接了投资人，投资人感谢我对接了好项目，而每当我的新书出版时，他们都会第一时间帮着宣传，并积极“埋单”，等等。

所以，女人有了年轻漂亮的外表，有了名牌大学的证书，有了优雅从容的修养是远远不够的，我们还需要多多接触其他人，打造属于自己的人脉圈，这个人脉圈越高品质，你的个人身价也就越高。自己走百步，不如贵人扶你一步，很简单的道理。有了人脉加上自己的刻苦努力，难道好运气离我们还会远吗？

让我们看看我曾经的上司惠小姐怎样经营她的“圈子”的：

惠小姐不是特别外向的人，但从大学开始，她就热衷于参加集体活动，愿意接触高年级的师兄师姐，不但有本专业的，还有跨专业的。她为人温和、谦让，不论同学还是室友，都能保持良好的关系。此外，她经常和小学、中学的一些朋友联系，手机上不但有他们的号码，还有他们的生日日期，友谊纪念日。她会交网友，参加网友聚会，还努力练习英语，与外国网友交流。她周到细致，了解每一位朋友的性格喜好，谈天时总能让双方尽兴，而且能和每一位朋友维持长久的关系。她惦记朋友，就连旅游时也会记得在当地买很多礼物寄给朋友们；因为工作关系，惠小姐认识很多名人，这些人帮她介绍更多的朋友，使她的人脉网更广……这些仅仅是我了解的情况。

那么，在交际上的投资给惠小姐带来了什么？多得超乎你的想象。

一位和惠小姐关系很好的学姐，在招聘网站工作，给她提供第一手招聘资料，还帮她修改简历并推荐，让她第一次找工作，就得到了一个相对满意的职位。

惠小姐认识一位在旅行社工作的朋友，每次出游，都能找到最合适的旅馆，或者跟性价比最高的团，或订到价格最低的机票。

惠小姐也有过困境，整整两年时间，她被上司压得没有伸展之地，又舍不得好不容易得到的工作，后来在一位老朋友的劝告下辞职，另起炉灶，干得有声有色。

几年前，惠小姐想要去国外进修，一位美国网友听说她要申请学校，自告奋勇地帮她打听各种注意事项，省去了她不少麻烦。她下了飞机，这位朋友亲自去机场接她，陪她租房找银行，让她迅速适应了国外的生活……

惠小姐还认识一位画家，这位朋友举办个人画展时送了惠小姐一张参观券，其间这位画家还热情地介绍朋友们互相认识，惠小姐幸运地认识了一个温文尔雅、事业有成的男子，他们聊得很是投机。后来两人的关系顺利向前发展，结为连理也是自然的结果。每逢听到身边的人夸他们郎才女貌的时候，惠小姐总是津津乐道地说："多亏了那位优秀的朋友，才让我有机会认识这么优秀的男人。"

你看，不论是生活上的、法律上的、生意上的、艺术上的、学习上的，有几个固定的"熟人"，在需要帮助的时候，找"懂行"的人问一问，省了多少麻烦！而且，高品质的人脉圈是提高自己身价、结识优秀男人的最好途径，你的品位、能力等势必会得到提升，成为众人眼中的高嫁值女人。

随着社会阅历的加深，我渐渐发现，与其花费时间、精力、金钱去交往太多的"酒肉"朋友，不如深入交往一些感情、事业、生活上能相互扶持的朋友，建立一个高品质的人脉圈。对此，我的建议是结交朋友时要着重考虑这样的人：能够客观地与你讨论个人发展和事业发展的人；一些在公司其他部门或层级工作的人：他们也许能帮助你影响重要决策，或者加快项目的执行；一些在同一个行业不同公司工作的人，他们可以与你分享对行业发展趋势的见解。或者最简单的，寻找那些比你优秀的，能帮你分析并解决问题的人。

说了这么多，你会不会觉得这样的行为很功利？在很多场合，我也会遇到一些急于扩展人脉的女人，但她们的神色如此急切，手法如此蹩脚，让我一眼就能看出她们的目的，同时也失去了和她们继续来往的兴致。她们多半是这样的：和你寒暄两句，就开始或单刀直入，或迂回婉转地问你的工作，问你的单位，然后感叹这个单位很难进，这个工作很难得，然后迅速地表现出与你"一见如故"，热切地要你的联系方式。相反，如果她们发现你的工作很普通，你没有任何“利用价值”，会迅速再寒暄几句，礼貌地说声“拜拜”。

每个人都想扩展自己的人脉圈，结识自己人生中的贵人，大家心知肚明。但在这里，我要强调一点，跟人结识必须用心去经营，不虚伪、不圆滑、不世故，真诚以待，以心换心。我之所以如此推崇惠小姐，恰恰因为我深信她并非一个功利心极强的人，我依然用自己的实际经历为她说话：

在工作期间，惠小姐教了我很多东西，她对后辈们从不吝啬，悉心指导。

我在转户口的时候遇到麻烦，烦恼不已，是惠小姐主动说她认识一些做这方面工作的朋友，并帮我联系，最后费了一番周折，解决了这件事。

她离职后，我在工作上生活上遇到什么麻烦，依然喜欢找她商量，想听她的意见，每次她都会特意抽出时间，细心为我分析，给我中肯的建议。

我所认识的和惠小姐有过交往的人，都承认惠小姐是一个会交际的女人。他们的语气带着一丝钦佩，他们承认，如果有什么事托惠小姐帮忙，她很少推托，总是尽其所能地帮助他人，哪怕那个人并没有给她提供过任何帮助。

你看，如果交往中只有互相利用，没有真心实意，这样的交往又如何能让人记在心里，在你真正需要的时候，愿意伸出手帮你？就像惠小姐，她是在扩人脉，也是在交朋友，或者说，她是用交朋友来扩人脉，她的真诚，每个与她有接触的人都能感受到，这样的人际关系才是成功的，值得效仿的。

就在昨天，我还收到惠小姐的邮件，她说在唐人街看到一件旗袍，“你穿上一定合适”，但旗袍太旧，不适合购买，特拍几张照片，供你参考。打开附件，裁剪细致的牡丹花样旗袍，正面、侧面、背面照无一不有。我想起与惠小姐相处时的点点滴滴，又一次为她的细致、智慧以及她的感性所折服。

生活不止眼前的苟且，还有诗和远方

记得在一次给某艺术院校的女生们做培训的时候，有一位女生向我倾诉遇到的烦恼，无论是跟大学舍友还是社团成员在一起，别的人你一言我一语聊得很欢，她却总是插不上嘴，也不知道说什么，只能傻傻地坐在那儿看别人聊，结果总是沦为那个被忽略的分子。这让她很难过，也不明白问题出在哪里。

我不想给这个女生灌输“你要主动”“自信起来”等思想，而是告诉她，我们之所以缺乏谈资，很多时候源自眼界、见识和阅历不够。除了读万卷书之外，还要行万里路。人一定要旅行，尤其是女孩子，要让自己的身体和灵魂至少一个在路上。

写到这里，我不禁联想起一部慢节奏的电影——《美食祈祷和恋爱》。

女主角伊丽莎白是一个三十岁的女人，拥有着一个美国成功女性应该拥有的一切：成功的事业，帅气潇洒的丈夫，大房子。表面上看起来她很幸福，可生活在日常繁杂琐碎的事里反反复复，这让她感到空虚和恐慌。在漫长的离婚拉锯战后，她辞掉了工作，决定出去旅行。这一走，就是一年。

在意大利罗马，伊丽莎白品尝各种美食，尽享感官上的满足，在世间最好的比萨与美酒的陪伴下，她感觉到了灵魂的重生。在印度，当地的古鲁和一位牛仔帮助她用四个月的时间走进自己的精神世界，与瑜伽为伴的日子，洗涤了她那颗混乱的心。在印尼的巴厘岛，她找到了平衡世俗和精神超越的艺术，并意外地收获了真正的爱情，之后她开始撰写相关的旅游文章，成为一名专栏作家……

是不是很酷？再来看看我身边普通人的事情。

我的一位前同事，一个很有个性的女孩平子，每年都会请假一个月进行环游世界的旅行。先是周游亚洲，再去往欧洲，至今已在非洲各国辗转游荡。不同于普通人的走马观花，她是以最贴近的方式去深入这个世界，品尝新奇美味的食物，了解各地的风俗习惯，见识各地的奇人异事。身上弹尽粮绝时，她也会练摊，其间她摸索到了学习水晶和宝石鉴定知识，以代购换取劳动所得。再后来，受同住一家旅店的他国小伙伴鼓励，她欣然走进一家教会孤儿院做了一名义工，帮助来自各国的朋友。

其间，平子用微信记录了痛并快乐的每一天，她说："在这个城市里，应该有很多和我一样的女人——单枪匹马地生活，高负荷地工作。这就是我在北京的6年，即便面对电视镜头里真实的生死离别，也麻木到哭不出来的地步。生活不止眼前的苟且，还有诗和远方的田野……旅行的时候，我感受到风一样的自由，内心的种种渴望，这就是我旅行的意义。"每次回来，她的精神状态都很好，总是能以积极饱满的状态投入到工作中，她也会兴致勃勃地给我们讲旅行中的故事。和她在一起，我觉得有更为广阔的交流空间，更有趣的交流方式。

一个踏遍了千山万水，看惯了山川湖海的人，是不会沉迷于小院落里的一处假景的。

我想，每个人刚开始成长的时候，总是局限在一个小的范围（空间+思想）当中，接受的人和事都是有一定限制的。而旅行让女人放眼观察世界，见识不同的人，不同的事，视野变得宽广，进而影响到自身对很多事情的看法。比如，它让你有眼界，不会轻易被忽悠，也见得大场面，更不会因为一个男人给你一个小蜜枣，你就屁颠儿地跟着跑；它让你更有见识，思考与放松自己，知道自己想要什么，不会在精神世界里迷失方向；它让你心胸变得开阔，远离生活的纷扰，不会愤世嫉俗……

对此，我将旅行总结为三重境界，第一重是邂逅了一个未曾到过的旅游目的地，在这种全然陌生的旅游过程中获得一种惊喜；第二重是在一个旅游目的地获得一种生活方式，反思现有的生活方式，进而让自己活得更舒服；第三重也是我所企及的最高一层境界，在旅游中终于邂逅了全新的自己，更美好的自己。

去年，我用10多天时间去了我心中最神圣的地方——西藏。皑皑的雪山、青青的草地、悠然的牛羊，一切都是自然而随意。当我放缓步履，置身其中，我发现大自然是那么的宁静、安逸，连时间都似乎变缓慢了，心情也跟着疏朗、平静下来，顿时感到放下了所有的重担，没有了生活的琐碎繁杂缠绕。其实生活就是这么简单，没有必要活得太累，也不必演绎黑白的两个自己。

在神圣的布达拉宫，喇嘛们随地盘坐着辩经，许许多多的朝圣者，面对佛殿，神情凝重，喃喃念诵，俯身下去，四体伸直，头和鼻都触地，然后起来，再重复。他们的脸上没有半点的疲乏和劳累，更没有一丝的焦虑怨恨，只有祥和安宁。我被包围在这种虔诚中感动得无法移动脚步，内心是新奇的满足与无来由的感恩，同时不禁思索到人应该有自己的信仰，不论结果如何都要感到快乐。

旅游是一种意识，是要启发我们这一生的，这种行走是十分必要的，这是其他任何形式的学习所不能提供的，也是课堂上无法学到的。为此，我希望身边所有的女孩，要在自己有限的生命里，尽可能地去更多的地方，使自己努力成长为一个有谈资、有见识、有涵养、有阅历、有力量的女人。

请相信，你的人生才刚刚开始

去年我参与了一次素质拓展运动，其中有一个项目叫“跨越断桥”：A、B 两块木板横在 10 米的高空中，两块木板的间距为 1 米左右，参训学员须从 A 木板跃向 B 木板，循环往复。尽管有保险绳的保护，但当时我们好几个人都有些畏缩，最后在教练和其他同伴的鼓励下才咬牙跳了过去。1 米，从平地上跨越这个距离是小菜一碟，为什么我们却害怕了呢？事后，我想明白了，因为走出了自己的舒适区。

每一个人都有自己的“舒适区”，什么是“舒适区”？就是在熟悉的环境中，做在行的事情，和熟悉的人交际，感觉很舒适，一旦离开这个区域就会感到不舒服。但在这里，我想说的是，一个女人要想提升自身的嫁值，有时候需要打破自身的“舒适区”。走出“舒适区”，我们的人生才真正开始。

看到这里，相信不少人会追问，我们生活的目的是什么？不就是让自己的生活更舒适吗？但你是否听说过“温水青蛙”的故事？把一只青蛙扔到热水锅里，青蛙会从热水锅里一下子跳出来，安然逃生。但是，如果把青蛙放在温水里，青蛙会在微温的水中享受“温暖”。当水一点一点地慢慢加热，青蛙就不会跳出来了，也永远不会跳出来了，因为它不知不觉已经被煮死了。

留恋于舒适区，无异于留恋于温水中的青蛙，想要跳出时惊觉已迟。人都是惯性的动物，天性喜好避苦趋乐，亦步亦趋。因为舒适区，扪心自问一下，你丧失了多少宝贵的东西呢？习惯了懒惰而放弃了进步的动力？习惯了拿死工资而放弃了创业的激情？习惯了待在家里而放弃了闯世界的雄心？

为了通俗易懂，我给大家讲两个发生在我身边的故事。

一位师妹接受过最好的教育，却顺从了父母的安排，毕业后回老家的一家事业单位就业，按时上下班，节假日全休，单位管三顿饭，不担心被辞退……师妹经常跟人抱怨工作没意思，自己每天就是按部就班地混日子，现在就能把这一生概括出来：上班、下班、结婚、带孩子、退休，然后死去。我问既然如此，为什么不换份工作？师妹却耸耸肩说：“女孩子能想到的一切安稳的生活都能在这里实现，而且这份工作特别简单，不费心，不费力，我已经待习惯了，继续瞎混呗。”这样的工作确实安稳，但我却不禁为她惋惜，因为这样不利于提高自己不说，还浪费青春。

我的另一位朋友 D 小姐，毕业时留本校做起了辅导员，顺风顺水做了两年。当她终于发现自己不能忍受一辈子做这个工作时，她毅然辞职，用她的话说，“这里的生活太安逸了，让我整个人没动力”。之后，她选择出国留学，攻读心理学和人类学，她用之前的薪水维持自己的一切费用。上一次见面时，D 小姐还沉浸在巨大的“改变”带来的异地和经济负担所导致的失恋中，郁郁寡欢。前几天微信，她开心地说终于在异乡找到了自己的“小钱学森”，而她从小就有一个“蒋英”梦。D 小姐在朋友圈中上传了很多照片，我看到，她的每一个笑容，都是那么灿烂。

看看师妹和 D 小姐的生活，不必问哪一种生活更甜蜜，显而易见。

如果一个人生活感到很轻松，或者总是在做一些简单的事情，那么周而复始，年复一年，你又能够从中得到什么呢？你的勇气、意志又如何能培养出来呢？你的各方面能力会停留在一定范围。在这里，我引用一下美国著名作家斯宾塞·约翰逊在其图书《谁动了我的奶酪》中提出的观点：“生活永远在变化中，别以为目前的舒适是一种享受，享受惯了这种舒适，你也就变成了呆子、傻子，必将一事无成。”

而当迈出舒适区时，你又能收获什么呢？你会接触不同的人，尝试做不同的工作，做不同的事情，你会有新的挑战，如此你不仅能眼界变宽，应对变化的能力更强，而且能不断地突破自我，提高人生的价值。一个人的成长就是“舒适区”不断扩大的过程，也是从“不舒服”到“舒服”的往复历程。

对此，前辈的一个比喻让我印象深刻：有些安逸就如同窝在沙发里看肥皂剧——舒服，却会因荒废而堕落；有些疼痛就如同SPA中心做按摩——难忍，但却神清气爽。

我曾在一本杂志上看到一个女性故事，她的故事或许会对你有所启迪。

她的母亲毕业于哈佛，从小就重视对她的教育，3岁时她开始学习钢琴，很快她就坐在母亲弹风琴的凳子旁，开始母女合奏。4岁时，她掌握了一些曲子，开了第一个独奏会，之后便应邀在这个或者那个活动中演奏。16岁时，她考入了丹佛大学音乐学院，那时候她的愿望是成为一名钢琴家。谁知，在大学里一堂国际事务课改变了她，那堂课的主题是列宁的继承者斯大林，她发现“政治居然那么有意思”，她决然地要改变自己的路，放弃音乐学习，而改学国际政治概论。

对于女孩的这一决定，母亲是反对的，“十几年的学习和努力之后，你弹得够好了，你现在不能放弃”。但女孩还是“从音乐中跳了出来”，踏上了国际关系政治学领域，学习政治学和俄语。她学得很刻苦，为了全面地掌握俄国的各种事务，她不满足于课堂老师教授的知识，经常去图书馆查阅资料，也时常会关注各种新闻事件。19岁时，她获得了丹佛大学政治学学士学位；26岁时，她获得博士学位。之后，她进入斯坦福大学国际安全和军控中心继续从事研究。最终，她凭借着在国际政治学上的真知灼见，在政界平步青云，最终成为美国历史上第一位黑人女国务卿。

你一定猜到了她的名字，康多莉扎·赖斯。

说好的永远年轻，永远优秀呢?

要不要朝着这个方向迈出一步试试？主动走出你的“舒适区”，参与一些有影响力的组织及活动，接受具有挑战性的工作，尝试做些新鲜的事情……开始时你也许会不习惯，感到不舒服或不自在，但长期坚持下去，相信你必会遇到越来越优秀的自己，你也会发现，人生才刚刚开始。

有些事现在不做，这辈子都不会

某天在某本杂志上，看到一个问题——“如果明天，就是你在地球上的最后一天，你还有什么没做的吗？”

当看到这个问题时，我顿时心里一番酸楚涌上。因为，我发现自己还有很多事情没做。例如，小提琴是我小时候就喜欢的，但却一直没有机会学习，所以直到现在也不会拉；远方有那么多的山，那么多的水，我还没有去看过……再好好地想想，不是因为自己忙，不是因为没有时间，自己似乎是刷刷微博，看看综艺，瞧瞧朋友圈的动态，甚至是发个呆，时间就过去了。

当我头脑中产生这些思考时，朋友丸子正坐在旁边唉声叹气。

我问：“怎么了？”

“后悔死了，”丸子扁着嘴说道，“上大学的时候，一到寒暑假就有大把时间在家，老妈说你没事去考个驾照，我那时想着自己还小考什么驾照，多玩两年再说。但工作之后，因为不会开车，我只能每天坐公交车上班，我每天都会画美美的妆容，梳精致的发型，结果到公司门口时，妆被蹭花了、发型乱了，整个人都不好了……”

丸子继续说道：“后来我决定报考驾照，但练车需要大量时间，还需要在工作时间请假去考试。我平时工作繁忙，又经常出差，现在哪有时间啊。这不，我前年年底过的理论，去年考了几次都没有考过科目二。一说到科目二我都头痛，几个项目除了坡道起步简单点儿，其他都很难。唉，早知道学车如此这般折腾，我真该在大学时把驾照拿到手，真是少壮不努力，老大徒伤悲啊！”

年轻的时候，我们总以为来日方长，总习惯为自己找各种各样的借口推托各种计划，没时间、没兴趣、太麻烦，等等，如此，我们不会获得新的技能、也不会拥有新的体验，最后只会抱怨说，怎么有些人的人生看起来就那么顺风顺水，我却什么都没有呢？如果当初我怎样怎样，现在就能如何如何。

但有些事情，现在不去做，也许这一辈子就真的学不会了，毕竟青春短暂，时间匆匆。

如果明天是我的最后一天了，我该怎么办呢？

我最后得出的答案是，如果想做什么，最好的时机就是下一秒。

一直很喜欢蔡康永的一段话："15 岁觉得游泳难，放弃游泳，到 18 岁遇到一个你喜欢的人约你去游泳，你只好说'我不会耶'。18 岁觉得英文难，放弃英文，28 岁出现一个很棒但要会英文的工作，你只好说'我不会耶'。人生前期越嫌麻烦，越懒得学，后来就越可能错过让你动心的人和事，错过新风景。"

"我不会耶"，你希望这句话一直充斥你整个人生吗？你还在为平庸无能的自己感到失落吗？你有没有想过如果你现在就行动，也许这些焦虑就会不复存在。从现在开始，别再焦虑、抱怨了，去做那些你喜欢的，需要或值得你做的事吧！比如旅行、学一门新语言、学会游泳或者做饭。

曾经在大学需要表演的时候，我发现自己没有什么拿得出手的才艺，这使我一度很是郁闷。当看到同宿舍的一个多才多艺的舍友，经常出现在每年学校的各种晚会上，或唱歌，或伴奏，成了学校的风云人物之一，认识了不少好朋友时，我更后悔小时候没有去学小提琴，或者跳跳舞、唱唱歌也行啊。

就在昨天，我报了一个小提琴的学习培训班。琴行里基本都是小孩子，初次去跟老师沟通的时候，她以为我是给家里小孩报名的，有些小尴尬。但我很肯定的是，学习小提琴是我的爱好，我不想再拖延，更不想再后悔，而且我其实只是把玩手机的时候用来学琴了，这也并没有什么损失，不是吗？我不知道学琴会给我带来什么，但我想，也许将来的某一天我身边的人看到我可以拉出一曲古韵悠长、婉转动听的《小夜曲》时，他们会在心底偷偷羡慕吧？会的，肯定会的！

趁年轻，别凑合，做想做的事情，我们的未来有千万种可能。

趁早明白，趁早行动，趁早收获。然后，让我们相逢在更高处。

活到老学到老，不白过每一秒

记得在某个都市喜剧中看到过这样一个情节：

35 岁的女白领 A 小姐被朋友拉去婚姻介绍所，一开始 A 小姐自信满满：“我长得漂亮，身材好，学历高，工作又稳定，月收入过万，名下有房有车，想找个优质男还不容易？”

结果，婚介所负责人却抽出了一张“女人价值图表”，对 A 小姐说道：“你看这个女人价值图，16 岁的时候，女人的价值是直线上升的，到了 20 岁时就达到了最高点，到 25 岁以后，就开始每况愈下了，到 35 岁，那就会开始戏剧性地急跌，等到 40 岁的时候，女人的价值就接近 0 了。所以你看，你现在已经 35 岁……”

这样的情景大概会让所有女人都感到非常愤怒吧，女人又不是商品，怎么能如此待价而沽呢？但不得不说，岁月对于女人而言，确实是把“杀猪刀”，当你年轻貌美，韶华正好的时候，不论是嫁人还是找工作似乎都要容易得多。哪怕你没有学历，没有技能，只要五官端正，找个地方打打工也是容易得很。可当你年岁渐长时，如果依旧没有学历，没有技能，那么恐怕连打零工都困难得很了。

现实是残酷的，对于女人尤其如此。所以，你要保持自身的竞争力，要想提高自身嫁值，就必须不断提高自我价值，把学习当成一辈子的事，不断积累你的知识、智慧和能力。让随着岁月日渐增长的，除了年龄之外，还有实力。唯有如此，女人才能一直升值，在生命的每一个阶段都活得精彩。

我观察过自己身边的一些女性朋友，那些能风风光光将自己嫁给幸福，乃至人到中年时有一定的地位或者在某一领域做得出色的，都是一直不间断学习的。

我认识一位女士，她将近40岁了，现在经营着一家广告公司，年营业额高达几千万元。同时，她还有着美满的婚姻和幸福的家庭，令周围的亲朋好友们都好生羡慕。有一次，她邀请我和一位搞企业培训的同仁一同去她的公司，给她的员工们进行培训。由此我们熟识了，至今还保持着联络。

在和这位女士打交道的过程中，我了解到，她是一个从没停止过学习的人。她曾表示，当年的自己像个“女汉子”，丝毫没有女人该有的温柔特质，成天和一群男孩子打打闹闹。后来，她因为在情场上失意过几次，所以决定改变自己。怎么改变的呢？当然是通过学习。她参加一些专业机构进行的相关培训，看一些有利于提升女性个人魅力的书。很快，聪明的她就掌握了其中的精髓，驾轻就熟地应用在了生活中。随后，便遇到了视她如珍宝般的多金帅气的老公。

不仅在感情方面如此，她在工作和事业上也一直坚持学习。她曾跟我聊起当年刚创业的时候，自己对于广告行业了解得并不多。因为她之前只做过3年的广告业务员，至于怎么经营公司，怎么管理员工，怎么拿下客户，她除了热情之外，没有什么专业的经验和技能。不过，她并没有就此罢休，也没有跟着感觉走，走到哪算哪，而是利用业余时间参加了企业管理和广告经营的两个培训班。通过两年多的学习，她的能力得到了很大的提升，在经营公司的过程中，走得越来越顺利。

这位女士对自己在感情和事业上所取得的成就，感触最深的就是不断地学习，过去要学，现在要学，将来也要学。

可能很多朋友要说了：每天工作那么忙碌，哪有时间学习呀？再说，也不知道自己到底该学什么？如果你有这方面的困惑，也不要担心。下面，我就告诉你在繁忙的工作和生活之余，我们如何才能合理有效地学习。

把空闲时间用起来

所谓“空闲时间”，是指不构成连续的时间或一个事务与另一事务衔接时的空余时间，比如乘坐公车、地铁、飞机时，等待或中途休息的时间；或者在医院挂号处、邮局、美容院、超市购物等排队等候的时间。把空闲的时间妥善地利用起来，就是一个时间大整数。

想一想，每周你花了多少时间在来回上下班的路上？一般来说，至少要好几个小时吧。那么，学着好好利用这段时间吧。如果你开车，你可以买些录音带学学外语，听听商务报告；如果你坐公交或地铁，你可以读书、看报，还可以将一些英语单词、工作事项等记在小卡片上，不时地看一看，想一想。

用餐时间通常也不会有人来打扰，为什么不尝试着学个外语单词呢？找到一个单词，检查它的含义，并想出几个例句，一年后你就能大体掌握一门外语。每逢双休日时肯定会有一些空闲时间，即便白天没有，你也可以晚上尽量不看电视，然后抽出一定的时间学学钢琴，练练书法，做你喜欢做的事。

明确学习计划

所谓明确学习计划，也就是将所需要学习的知识划分出一个大致的体系，然后在一个完整的时期内把这一体系的学习作为重心。这种学习的好处是全面铺开，少有遗漏，减少探索实践，直接形成完备概念。为什么企业管理者们不约而同地报考 MBA ？就是因为系统的商业管理学习能在短期内改变他们的观念和对现代企业的看法，对他们大有裨益。如果你有现实需要，不论是托业还是留学，都可以列入日程。用一两年的时间让自己飞跃一下，你会有更高的起点。

不要依赖好记性

俗话说“好记性不如烂笔头”，一个人记忆力再好，也不如把需要学习和记忆的知识写在纸上。做笔记是学习中一项基本的技能，不要一味地摘录书中的重要内容，而是要一边做笔记一边思考，用自己的脑子将书本上的知识进行转换，使自己真正理解所要学习的东西，才算真正学到了东西。

活到老，学到老。学习，永远不晚。日本有一位柴田丰奶奶，五十多岁才开始学写诗，99 岁时出了第一本处女作诗集《别灰心》，她说："即便是九十八岁，我也还要恋爱，还要做梦，还要想乘上那天边的云。"瞧，只要我们坚持去学习，生命的每个时期都是年轻的，高嫁值的，美好的。